Koschuhs Kugelschreiber

Das Buch

Markus Kozuh

studia
SERVICES

Inhalt

Impressum

Layout + Satz: Mag.ª Sonja Pitscheider
Fotos Umschlag: Dave Bullock
Illustrationen: Mag. Christian „Yeti“ Beirer
Korrektorat: Mag.ª Dr.in Yvonne Kathrein
Gedruckt mit freundlicher Unterstützung von GPA – Gewerkschaft der Privatangestellten, Stadt Innsbruck, Österreichische Hochschülerschaft Innsbruck, Universität Innsbruck
ISBN 978-3-902652-38-6

Voulez-vous KOSCHUH avec moi . . .?

Markus Kozuh – Der Koschuh
Jahnstraße 19
A-6020 Innsbruck
mail@derkoschuh.at
www.derkoschuh.at

Geschätzte Leserinnen und Leser,

Sie halten ein gelungenes Beispiel der Vielseitigkeit von Markus Kozuh in Händen.

Letztes Jahr errang er in Reims den 2. Platz in einem europaweiten Poetry Slam, einem Dichterwettstreit mit Worten, Gesten und Vortragsstilen. Seither trägt der Österreichmeister von 2010 den Titel eines Vize-Europameisters in dieser Disziplin. Direkten Publikumskontakt ist er gewöhnt, der Tiroler Kabarettist, der zumeist in der Enge von Kleinbühnen die Nähe und die spontanen Reaktionen des Auditoriums sucht und genießt.

Ein Genuss, den er selbst seit Jahren den Leserinnen und Lesern der UNIpress, dem Monatsmagazin der ÖH Innsbruck, als Kolumnist bereitet. Dabei lässt er seine Gedanken über existentielle Fragen der Studienfinanzierung durch Studentenjobs ebenso schweifen, wie er über Einzel- oder Doppelexistenzen von Spitzenpolitikern sinniert. Dass er bei einem Neujahrsausblick für 2011 in seiner Monatsaufstellung Josef Pröll zum letzten Mal im April als Vizekanzler erwähnte, verdient mittlerweile das Attribut einer erfüllten Prophetie. Fast ein Hellseher, hätte ihn nicht Innenministerin Fekter in seinem Wunsch nach ihrem Rücktritt im Mai im Stich gelassen, indem sie diesem mit ihrem Vortritt zur Finanzministerin im April zuvor kam. Trotz nur halb erfüllter politischer Prophetien wird seine Bearbeitung verschiedenster Themen, die er stets mit Witz und Phantasie auf den Punkt bringt, die Leserinnen und Leser dieses Buches anregen und bestens unterhalten.

Dr. Artur Wechselberger

Allgemeinmediziner und Präsident der Tiroler Ärztekammer

Kultfaktor Koschuh

Studiengebühren, Ende der paritätischen Mitbestimmung, die Zahl der Institute wurde reduziert – die Jahre ab 2005 waren für die Unis nicht gerade witzig. In dieser Zeit ein Studierendenmagazin herauszubringen, war spannend. Andererseits aber auch nicht einfach: Wollte man einigermaßen objektiv über die bildungspolitische Misere berichten, konnte man die LeserInnen durch die Vielzahl negativer Nachrichten eigentlich nur deprimieren. Was lag da näher, als einen Kabarettisten an Bord zu holen? „Koschuhs Kugelschreiber" erlangte rasch Kultstatus, was nicht nur seinem Pointenreichtum geschuldet ist. Wer schreibt, um gelesen zu werden, weiß: Es gibt wenig Schwierigeres, als „witzig" zu sein. Anschaulich und abwechslungsreich zu formulieren – das lässt sich lernen. Menschen zum Lachen zu bringen, ist eine Gabe, die nur wenigen gegeben ist. Dabei sind es wie gesagt nicht nur die Witze, die dem „Kugelschreiber" seine Qualität verleihen – auch wenn jeder Text mindestens eine Stelle enthält, an der es mich ordentlich durchbeutelt.

Koschuh gelingt es, Geschichten zu erzählen. Er schreibt so, dass man einfach weiterlesen muss. Ohne sich selbst dabei zu schonen, berichtet er von den Wechselfällen des ganz normalen Wahnsinns und gibt Anlass zu wahrlich kathartischem Gelächter. Wie es guter Stoff so an sich hat, besteht erhöhtes Suchtpotential – angesichts einer monatlich erscheinenden Kolumne ein echtes Problem. Dass Koschuhs Kolumnen nun gesammelt vorliegen, ist deshalb ein echter Glücksfall.

Andreas Wiesinger

Germanist und ehemaliger Chefredakteur der *UNIpress*

Was ist „Koschuhs Kugelschreiber“? Eine Glosse? Ein Kommentar? Oder eine Kolumne? Nun, wohl von alledem ein bisschen. Genre- und auch Textgattungsgrenzen wurden schließlich gezogen, damit sie überschritten werden.
Seit vielen Jahren schreibt der Innsbrucker Kabarettist und Autor Markus Kozuh für die UNIpress, die noch „unipress“ geschrieben wurde, als der erste seiner Texte abgedruckt wurde. Seit ebenso vielen Jahren hat die vorletzte Seite der UNIpress eine große Zahl an LiebhaberInnen – ganz im Gegensatz zum Verfasser ebenselbiger Seite. Studierende wie AbsolventInnen und auch viele außerhalb des Uni-Betriebs schätzen den bissigen Witz und die Pointiertheit, mit der Markus Kozuh Themen bearbeitet oder noch nicht Verarbeitetes thematisiert. Wer aber steckt hinter dem Kugelschreiber? ... **Ein Kolumnist stellt sich vor.**

Ein Kolumnist stellt sich vor

Ich schreibe nun schon so lange für die UNIpress, die noch „unipress" geschrieben wurde, als ich mit dem Kugelschreibern anfing . . . Zeit für so eine Art Zwischenresumee? Nö. Und doch ist es höchste Zeit. Nämlich um mich zu outen. Pünktlich zum Griff Ihrer Hände zu diesem Buch, stehe ich nicht an, mich Ihnen vorzustellen. Wer ist der Mensch hinter dem Namensgeber für diese Kolumne? Taschentücher raus und fasten seat belt – hier ist die ungeschminkte Wahrheit.

Wo könnte man besser anfangen als ganz am Anfang: Die Welt des Lichts erblickte ich, nachdem meine Mutter schwangerschaftstechnisch gesehen die Schnauze voll hatte. Gott, wie hatte das geblendet! Während des Geburtsvorgangs fühlte ich mich wie ein original Tiroler Kaspressknödel – zu allem Überfluss bekam ich von so einem Typen mit grüner Mütze gleich zur Begrüßung eine gescheuert. Ich trat aufgrund der miesen Behandlung und wegen des fehlenden Fensters mit Blick aufs Meer in den Hungerstreik. Schon nach wenigen Minuten wurde ich jedoch zwangsernährt und hatte eine Milchdrüse mit Zitze vorne dran im Mund. Sich dagegen zu wehren war zwecklos. Erst nachdem ich beschlossen hatte, eine ausgewachsene Laktoseintoleranz gegen die Muttermilch zu entwickeln, trat Besserung ein. Ich hatte derart oft pupsen und Bäuerchen machen müssen, dass ich schon mit drei Wochen abgestillt wurde und auf Dürüm-Kebap umsteigen durfte. Ohne Zähne eine knifflige Angelegenheit – ich musste das eingerollte Kalorienkanönchen stets im Ganzen runterschlucken.

Als Baby ein armer Schlucker

Im zarten Alter von vier Monaten brachte ich satte 37 Kilo auf die Waage und war CNN sogar eine „Breaking News"-Meldung wert: „World's Fattest Babe Named Koschuh Lives in Schnitzel-Austria but Eats Kebap!"

Ich fing mit fünf Monaten das Marathon-Krabbeln an und nahm rasch wieder ab. Dann folgten Jahre der Normalität: wie fast alle Kinder war ich bis zur Pubertät absolut verhaltensunauffällig, schlitzte Autoreifen auf, war Bettnässer und hatte panische Angst vor Kühlschränken. Jawoll, Kühlschränke. Eine tiefenpsychoanalytische Hypnosetherapiesitzung brachte zu Tage, dass wohl meine Waldorf-Kindergartentante Gisela Schuld daran trug: Sie hatte mich einmal pro Woche für eine Stunde in den Tiefkühlschrank gesperrt damit ich erfahre, was Kälte ist. Und einmal im Monat hatte ich mit einem Schaschlik-Spieß in eine Steckdose greifen müssen um zu lernen, dass das gefährlich ist. Tante Gisela bekam von mir nicht umsonst den Spitznamen „Tante Grusela".

Aug' um Aug', Stromschlag um Stromschlag

Als ich sechzehn Jahre alt war, starb Tante Grusela eines mehr oder weniger natürlichen Todes: ein kreativer Kopf hatte einen Hochspannungsmasten in ihren Swimming Pool donnern lassen und band der dynamitgefischten Ex-Tyrannin noch einen Kühlschrank um die Beine, um auf Nummer extrasicher zu gehen.

Die nächsten zehn Jahre sind nicht sonderlich erwähnenswert: ich wohnte in einem kleinen Raum in einer Art „WG" mit 400 Mitbewohnern, konvertierte aus reiner Langeweile und je nach Speiseplan vom Christentum zum Islam oder zum Hinduismus und retour und bekam manchmal anerkennenden Besuch von früheren Kindergartenfreunden.

Mit 26 Jahren durfte ich im Rahmen einer Weihnachtsamnestie aus meiner WG ausziehen und beschloss zu studieren. Da ich aber nicht wusste, was, ließ ich es bleiben.

Mit Geld zum Schreiben uni-erpresst

Irgendwann wenig später sprach mich jemand auf offener Straße an und fragte mich, ob ich nicht für eine Studentenzeitung schreiben möchte. Ich hatte denjenigenwelchen zuerst für so einen Greenpeace-Keiler gehalten und wollte ihm trällern, dass er sich vergreenpissen soll. Seine olle Mappe hatte ich ihm schon mundgerecht zusammengefaltet. Doch mit der Aussicht auf ein sattes Honorar ließ ich mit mir reden – ich bin zwar nicht käuflich, aber für Geld tue ich alles. Sie hätten jedes Mal eine Seite frei und wollten vermeiden, dass die Raiffeisen Bank draufkommt und dort auch noch inseriert. Ich müsste aber irgendwas zum Schein inskribieren. Ich entschied mich für Germanistik, weil ich mein Anahlfapettendideldumm satt hatte. Ich hatte zwar gelernt, was Kälte ist und dass Strom pfuigaga ist, aber in puncto Buchstaben war ich ein unbeschriebenes Blatt. Seit damals lerne ich nun Schreiben. Die Vorlesungen zum Thema Lesen überschneiden sich aber ständig mit dem von mir veranstalteten Kurs „Ausdruckstanz als Mittel zur Pickelbekämpfung“. Sei's drum. Ich halte es wie sämtliche BildungsministerInnen der letzten Jahre: zuviel Bildung verdirbt den Charakter.

So, jetzt habe ich mich ordentlich öffentlich offenbart. Und weil Weihnachten stets mehr oder weniger naht und ich gerne gebe, verschenke ich fünf DVDs der Kabarettlesung „Wort fetzt!“. Anforderung: E-Mail an mail@derkoschuh.at, Kennwort: „Tante Grusela“. Mfg, lg, glg, Gruschel, over&out.

Ende September 2009 galt in der Tiroler Landeshauptstadt der Ausnahmezustand: Mit einem Landesfestumzug, dessen Reinerlös von mehr als einer Million Euro den wenigen Asylwerbern im Land zu nachhaltigem Wohlstand verhalf, gedachte das offizielle Tirol der Schlacht am Bergisel 1809. Mit dabei war auch das bekannteste Altmetall Tirols, die Dornenkrone. An vorderster Front, nämlich via Ehrentribüne vor der Hofburg, nahm der – für das gemeine Wahlvolk nie zur Wahl gestandene – Landeshauptmann Günther Platter die Parade von Traditions- und Trachtenverbänden ab und stand auch eisern seinen Mann, als die rechtsextreme Burschenschaft Brixia vorbeimarschierte. Die Eindrücke von dort (ich stand gegenüber der Ehrentribüne und drehte für zzapp.tv Berichte ohne die rosarote Brille aufzuhaben) und die Tatsache, dass Platter und seine ÖVP-RegierungskollegInnen wirklich und wahrhaftig ohne Legitimation des Wahlvolks an der Macht sind, mündeten in die Kolumne vom Oktober 2009 . . . **Pitsch, Patsch, Putsch – der LH is' futsch.**

Pitsch, Patsch, Putsch – der LH is' futsch

„Nein, hier ist nicht das Büro des Landeshauptmanns, Sie müssen sich wirklich verwählt haben," erwiderte ich dem Anrufer zum bereits dritten Mal freundlich. Zum bereits dritten Mal entschuldigte er sich und legte auf . . .

. . . Jetzt würde er es wohl endlich kapiert haben. Zufrieden lehnte ich mich zurück. Da läutete es erneut. Gut, dachte ich mir, du willst es offenbar nicht anders haben, also bekommst du, was du brauchst. Ich hob ab und meldete mich mit: „Büro des Landeshauptmanns, Guten Tag, was kann ich für Sie tun?" Ich vernahm ein erleichtertes Aufatmen. „Ja endlich. Drei Mal habe ich es zuvor schon versucht, aber ich bin immer bei einem ungehaltenen Mann gelandet, der mich am Ende sogar auf das Wüsteste beschimpft hat!"

„Nein, das ist ja ein Skandal, so geht es nun wirklich nicht. Aber jetzt sind Sie ja da, wohin Sie wollten. Im Büro des Landeshauptmanns. Was kann ich für Sie tun?"

„Ich muss ihn sprechen. Ist er da?"

„Wer?"

„Ja, der Landeshauptmann."

„Äh, nein, er ist gerade nicht da."

„Wo ist er denn?"

Hobbies: zum Sterben schön . . .

Und nun wurde mir mein tägliches Frühmorgenhobby, das Lesen von Traueranzeigen, zum Verhängnis: die Seite mit den Parten lag vor mir und ich hörte mich die Sätze sagen: „Er

ist, äh, von uns gegangen. Nach kurzem, schwerem Leiden." Bumm, das saß. Ich hielt kurz inne. Was hatte ich da gerade gesagt? Mein telefonisches Gegenüber war gut hörbar mindestens ebenso überrascht und schockiert wie ich und erwiderte nach einer Schrecksekunde: „Oh mein Gott, das ist ja schrecklich! Ich muss sofort die Parteigremien informieren. Und dann muss ich das Verfassungsamt kontaktieren, himmelhilf, wer wird denn jetzt Landeshauptmann? Der Bischof? Der Garnisonskommandant der Schützen? Und die Wahlkampflinie!? Gleich oder nur angelehnt an die in Kärtnen vor nicht ganz einem Jahr?"
Ich streute ein „Gott bewahre" ein bevor ich den Irrtum aufklären wollte, doch dazu hatte ich gar keine Gelegenheit mehr, denn mein Gesprächspartner legte völlig abrupt auf.

Wer kondoliert, hat Recht

Ich hoffte darauf, dass der Anrufer mir ebenso einen Bären aufgebunden hatte, wie ich ihm, doch ich wurde schon zwei Minuten darauf vom Gegenteil überzeugt: Quer über den ganzen Bildschirm meines Fernsehers lief eine Sondermeldung: „Landeshauptmann von Tirol tot. Sonder-ZiB um 10.35 Uhr auf ORF 2". Ich wollte das Ganze nun aufklären und rief beim ORF an. Die Dame vom Callcenter machte mich aber gleich einmal zur Schnecke. Sie und ihre Kolleginnen hätten gerade alle Hände voll zu tun, die tausenden Kondolenzanrufe entgegenzunehmen. Und da käme nun einer daher und meine, dass der Landeshauptmann gar nicht tot sei. So viel Pietätlosigkeit habe sie ja noch nie erlebt. Ich solle mich schämen.
„Gut", dachte ich mir. Mehr als zu versuchen, meine Äußerung zum Anrufer vor fünf Minuten wieder zu reparieren, konnte ich auch nicht. Ich machte es mir auf meiner Couch bequem und harrte der Sonder-Zeit-im-Bild. Ich war schon sehr

gespannt. Nach der Sonder-ZiB änderte sich mein Status von „sehr gespannt“ auf „fassungslos“: Ein Live-Reporter hatte sich vom Landhausplatz gemeldet, im Hintergrund waren letzte Reste einer wilden Schießerei im Gang. Südtiroler Schützen hatten im Handstreich das Landhaus eingenommen und erklärten die beiden Tirol für wiedervereinigt.

Tatwaffe Kaspressknödel

Um den schon angerückten Polizeieinheiten das Eindringen ins Landhaus zu erschweren, hatten die Südtiroler sämtliche Türschlösser mit Kaspressknödeln verstopft. Die Lage der Polizei war aussichtslos. Die Hundertschaft an Polizisten zog ab. Die drei Südtiroler, die sich nun im Büro des Landeshauptmanns an mitgebrachtem Speck und Edelvernatsch labten, grunzten zufrieden. „Magari, sem und sell putega – oa Tirol isch oanfach mega“. So oder so ähnlich mussten sie sich wohl unterhalten haben.

Plötzlich fuhr der Wagen des Landeshauptmanns vor. Er stieg aus. Zuerst völlig verdutzt, dann aber natürlich einen vom italienischen Geheimdienst Rai 3 geschickten Doppelgänger des Landeshauptmanns vermutend, rannten die drei aufrechten Alto Adige-Schützen hinunter und blockierten ihn. Nein: ihm. Nämlich die Atemwege. Und ja: mit Kaspressknödeln.

Und das alles war live im Fernsehen übertragen worden. Der Landeshauptmann tot. Erkaspressknödelt. Als erste Amtshandlung des Magari-Triumvirats, wie ich die drei Herren Schützen für mich nannte, wurde der längst nicht mehr existente Grenzbaum am Brenner noch einmal abgetragen. Denn, so sagte der Schützenobere von den Dreien: „die wahren Grenzn, magari, sein im Kopf.“ Da hat er recht. Übrigens habe ich mir eine neue Telefonnummer zugelegt. Ich mag den Bundespräsidenten zu sehr.

Es gab eine Zeit, in der der Koschuh'sche Kugelschreiber nur eine halbe Seite der Studierenden-Postille beschrieb. Was für den Verfasser weniger Kopfzerbrechen und weniger Stress bedeutete. Man sieht wieder einmal: Weniger ist manchmal wirklich mehr. Nicht nur beim Schreiben ist das Ignorieren der Alltagshektik ein guter Ratgeber zum Finden der Kreativität, auch im ganz banal-normalen Alltag muss jegliches Handeln noch viel jeglicherer Hektik zuwiderlaufen. Warum nicht ein Bad einlassen, wenn die Nachbarswohnung in Vollbrand steht? Warum nicht wie in guten alten Zeiten in den Schlaf gewiegt werden, indem man sich in Embryonalstellung auf die Waschmaschine legt und den Schleudergang aktiviert? Fix ist jedenfalls: die höchste Stufe der modernen Gechilltheit kann nur erreicht werden, wenn sich im Haushalt eine CD von Lionel Richie oder Phil Collins findet. Am besten, man hat sogar beide zur Hand . . . Gemütlichkeit auf Koschuhisch.

Gemütlichkeit auf Koschuhisch

Kaiserrisse statt Kaiserschnitte, Waschmaschinenliegen als Sucht: all das und mehr auf 1800 Zeichen . . .

Ich probier's nie mit Gemütlichkeit. Dafür bin ich schlicht zu bequem. Um es so richtig gemütlich zu haben, müsste ich mein Bücherregal gegen offenen Kamin plus Hirschgeweih tauschen sowie meine vier CDs von Phil Collins und Lionel Richie aus dem Fenster werfen. Aber nein. Ich stehe zu meinen Verfehlungen in jüngster Jugend und würde sie allerhöchstens in den offenen Kamin werfen. Weil ich den nicht habe, säuselt Lionel auch weiterhin in den depressiven Phasen meines manischen Daseins „Hello", intoniert Phil sein „In the air tonight", summt Koschuh beim Zubereiten einer Eierspeise inbrünstig „In die Berg bin i gern". Und da gfreit si mei G'miat dann dermaßen, dass ich gleich wieder manisch werde.

Zu viert baden gehen

Gemütlich entspannen kann ich ja nur, wenn ich und meine drei Freundinnen in der Badewanne liegen und wir vier es uns so richtig gemütlich machen: Ein bisschen Schaum vom Tetesept-Fichtennadel-Erkältungsbad, noch ein bisschen heißes Wasser einlassen – ja dann kommen wir vier so richtig chillig in Wallung. Da entfährt einer von den dreien schon mal ein lustvolles Quietschen, wenn ich sie zu fest liebkose – und mir ein blubbender Luftzug von unten hinten. Wenn auch ihr mal kreuzgemütlich entspannen wollt, aber keine drei gelben Plastik-Badeenten habt, könnt ihr euch in zusammengeknäueltster Embryonalstellung während des Schleudergangs auf eine Waschmaschine legen. Ich sag's euch: das wird zur Sucht.

Kaiserreißen ist „in"

Was in Sachen Entspannung auch einen hohen Gemütlichkeitsfaktor hat, ist Bügeln. Bügeln kann aber auch gefährlich sein: ich persönlich kenne zwei Personen, die sich schon mal über den Bauch gebügelt haben. Mein Bauchgefühl sagt mir, dass das weh tut. Und wer hat schon gerne eine kaiserschnitt-ähnliche Narbe am Bauch? Übrigens habe ich gehört, dass mittlerweile mehr kaiser-bauchdecke-gerissen als kaisergeschnitten wird. Heilt nämlich besser. Macht die Geschichte aber auch nicht gemütlicher. Frau sein ist nicht nur in der Arbeitswelt manchmal ungemütlich …

Was sich Jahr für Jahr an Ungemütlichkeit übertrifft sind die Grabbesuche zu Allerheiligen: die Socken sind November-Regen-kaltgetränkte Stoff-Kühlakkus; die weggefrorenen Finger erzeugen quälende Phantomschmerzen; und der Pfarrer wird wegen des Schotters, in dem sich die Räder seiner Alters-Gehschule ständig verfangen, kaum vor zwei Stunden in deine Nähe kommen, um dir schweinekalte Weihwassertropfen auf die verfrorene Birne zu kläschen.

Wie schätze ich es da, zuhause mit Lionel, Phil und meinen drei Enten einen draufzumachen: Sechs volle Weingläser für die beiden Jungs, die drei Enten und mich, die von uns allen in aller Gemütlichkeit geleert werden. Da werde ich dann wieder gemütlich-depressiv und dann ist's ja wieder gut.

Unserer Eltern Eltern lebten in Kommunen, hielten nichts vom Reden über Phallussymbole sondern stiegen symbolisch mit jedem ins Bett, dessen Nase ob der Scheidewand phallisch wirken musste. Die Rede ist von der 68er-Generation, die aufbegehrte gegen Einheitsbrei und Establishment, sich auflehnte gegen die Aufbaugeneration, die nichts mehr davon wissen wollte, dass sie 25 Jahre zuvor zu einem großen Teil aus Mitläufertum das Land zugrunde gerichtet hatte. 2008 jährten sich die geschichtsträchtigen Proteste der 1968er zum vierzigsten Mal – Grund genug, den Jungen von heute eine aktualisierte Anleitung für zivilen Ungehorsam zu geben . . . Aufruf zum Ungehorsam.

Aufruf zum Ungehorsam

Vierzig Jahre nach 1968 ist es einfach wieder höchst an der Zeit, dem Establishment die Stirn zu bieten – wer, wenn nicht wir StudentInnen, sollen mit der Fahne des zivilen Ungehorsams schwenkend die Heerscharen der Unzufriedenen und Aufbegehrenden anführen? Vom 68er-Geist ergriffen sehe ich mich daher veranlasst, der kollektiven Lethargie den Kampf anzusagen und eine Liste mit To do's zu verfassen. To do or to die – das ist hier die Frage. Folgt den folgenden, mitunter folgenschweren Anleitungen ohne Rücksicht auf mögliche Folgen und defibrilliert und reanimiert mit mir gemeinsam den hirntoten 68er-Geist . . .

To do or to die 1: Hört endlich auf, euch den sich seit Minuten anbahnenden Furz an der Kasse des Lebensmitteldiskonters eures Vertrauens zu verkneifen, sondern gebärt ein Parfum, das sich gewaschen hat . . . ihr werdet euch wundern,
a) wie rasch sich die Warteschlange vor euch auflöst
b) dass die Feuerwehr bei Gasalarm wirklich rasch vor Ort ist.

Tdotd 2: Verweigert gebrechlichen Personen und alten Männern und Frauen, vor allem gut situierten Hofratswitwen, in der Straßenbahn prinzipiell euren Sitzplatz. Vor allem letztere kaufen ihre sündteure Wurst und das Happi-happi für das Hundi in der Wurstabteilung von Feinkost Hörtnagl und sollen sich gefälligst ein Taxi leisten. Jede Revolution fordert halt ihre Opfer . . .

Revolutionäre Haarentfernung

Tdotd 3 (vor allem, aber nicht nur für Frauen): Enthaart eure Beine das nächste Mal doch nicht mit diesen Weichei-Wachsstreifen sondern geht auf die nächste Dach-Baustelle, auf der gerade Dachpappe aufgeflämmt wird und lasst auch die Beinhaare und die obersten zwei Hautschichten wegflämmen. Schönheit muss leiden. Eine echte Neo-Alt-68erin ist Indianerin und spürt keinen Schmerz.

Tdotd 4: Geht zur Hochblüte des Faschings als Mohammed verkleidet nach Teheran. Und wenn ihr dann gesteinigt werden sollt, ruft der tobenden Meute zu: „Der, der ohne Schuld ist, werfe den ersten Stein!" und wenn es dann Steine hagelt, macht einen auf Andi-Hofer-Freiheitskämpfer und grölt der Menge zu: „Ach, wie werft ihr schlecht . . .!"

Tdotd 5: Wählt beim nächsten Mal doch das BZÖ und sorgt mit eurer Stimme für mehr Niveau in der österreichischen Innenpolitik (wer diesem Tdotd tatsächlich nachkommt, wird als Mohammed verkleidet nach Teheran verfrachtet).

Tdotd 6: Tod dem Angsthasentum! Traut euch, euch während einer Anatomie-Vorlesung nackt auf den Seziertisch zu legen.

Kein Platz für Angsthasen

Tdotd 7: Ladet den einen Nachbarn, der schon seit Jahren mächtig auf euch steht, doch mal zu euch nach Hause zum DVD schauen ein – und schaut dann tatsächlich nur eine DVD! Ha!

Tdotd 8: Drückt beim nächsten Glasbruch auf der SOWI dem Austauschstudenten aus Finnland eine Steinschleuder in die

Hand und ruft: „Go homi, Suomi! Er war's! Ich hab's gesehen!"

Tdotd 9: Meldet euch bei der Stadt als MärchenerzählerIn für Kindergärten an und rezitiert bei eurer ersten Buchung im Rahmen des Osterfestes der Marienkäfergruppe Hötting II aus dem Drehbuch des „Texas Chainsaw Massacre". Geht dann kurz in den Garten und kommt mit einer dröhnenden Kettensäge wieder. Pädagogischer Effekt: Die Kinder werden mit Sicherheit nie auf der Straße von einem Fremden eine Kettensäge annehmen ... (manche werden auch bis Mitte 30 bettnässen, aber das sind reine statistische Ausreißer).

Tdotd 10 – Männer: Wahrt eure Würde und geht zur nächsten Prostata-Vorsorgeuntersuchung in Tiroler Schützen-Montur (mit kurzer Krachledernen, Eingriffsschlitz aber hinten statt vorne), zeigt dass ihr wahre Männer seid und besteht auf einen Rauhlederfäustling statt eines Gummihandschuhs.

Mut zum Risiko

Macht euch das Risiko zum Prinzip, die Gefahr zum höchsten Gut, seid selbst die personifizierte Gefahr, pfeift in Zeiten des Klimawandels prinzipiell auf das Sparen von Strom sondern schwimmt gegen ihn. Seid böse, wenn ihr eigentlich lieb sein wollt, seid lieb, wenn ihr eigentlich böse sein wollt, werft eure bisherigen Prinzipien über Bord und: schmeißt nur einmal keinen Rettungsring hinterher ... Lasst euch vom Rhythmus eures Herzschlags in Trance klopfen – und dann wacht auf, spürt euch wieder, hinterfragt die plausibelsten Antworten und seid verdammt noch mal nicht mehr so träge, sondern seid zivilcouragiert und steht endlich wieder mal für etwas ein. Inhaliert einen Hauch 68er-Luft – Ausatmen verboten.

Ich musste die bekannt gewordenen Missbrauchsfälle in der frivolisch-katholischen Kirche nicht als Motiv missbrauchen, um mit der Kirche nichts mehr anfangen zu können. Ich hatte schon bei der Taufe, nachdem mich der Pfarrer (der wegen seines gut ausgestatteten Weinkellers von seinen Schäflein hinter vorgehaltener Hand gerne als „Johannes der Säufer“ genannt wurde) mit Weihwasser watergeboardet hatte, mit dem Thema Religion abgeschlossen. Und doch bin ich so ein kleines bisschen auf der Suche nach Orientierung und Halt, um die Unbilden des Lebens, wenn auch nicht zu bewältigen, dann zumindest umschiffen zu können. Was tut man jedoch, wenn einem die aktuellen Religionen nicht wirklich zusagen? A) man wird Agnostiker wie Bundespräsidenten namens Fischer oder B) man bastelt sich einfach seine eigene Religion und hofft auf ähnliche Effekte wie vor mehr als 2011 Jahren ... **Glaubenskrise? Nicht mit mir.**

Glaubenskrise? Nicht mit mir.

Der Frust unter Gläubigen ist groß: Viele Religionen sind einfach nicht mehr zeitgemäß. Da bleibt nur: Entweder zu glauben aufhören oder sich eine neue Religion maßzuschneidern.

Glaubt mir: es ist sooo einfach, an gar nix zu glauben. Und unglaublich entlastend. Seit ich nicht mehr glaube, darf und kann ich sündigen, so oft und wo auch immer ich will. Ich muss mich ja vor keinem Fegefeuer mehr fürchten oder Angst davor haben, als Eintagsfliege wieder geboren zu werden. Oder als Kopflaus in einem Kindergarten. Grad gestern bin ich an einer Kreuzung bei Grün stehen geblieben und erst bei Rot (!) losgegangen. Hihi, ich bin schon ein wilder Hund, ich weiß. No risk, no fun. Und vor kurzem bin ich fast eine ganze Station lang schwarz gefahren. Das war vielleicht ein Nervenkitzel! Ich bekomme heute noch eine Gänsehaut, wenn ich daran denke ...
So ganz glücklich macht mich das Nichtglauben aber auch nicht. Unter den bestehenden Religionen glaub ich jedoch keine für mich Passende zu finden. Darum werde ich mir nun meine eigene Religion basteln. Es soll eine völlig neuartige Religion werden: Alle Menschen können bei meiner Religion mitmachen. Sogar die Hässlichen. Und auch PolitikerInnen. Selbst hässliche PolitikerInnen. Nein, lieber nur die Hässlichen und PolitikerInnen doch nicht.

Gebote: Aus zehn mach eins

Anfangen tue ich mal damit, die zehn Gebote auf eines zu reduzieren: Vater und Mutter ehre ich gerne. Ich beehre sie sogar

außerordentlich gerne, wenn ich wieder einmal knapp bei Kasse bin. Mit Geld frisch versorgt können sie sich meiner Verehrung sicher sein.
Die anderen neun Gebote sind einfach nicht mehr zeitgemäß. Nehmen wir zum Beispiel „Du sollst nicht töten": Bei nervigen Vier-Pfoten- oder Global2000-KeilerInnen ist dieses Gebot nur unter Heranzüchtung eines Magengeschwürs haltbar. Und ich denke nicht im Traum daran, meine Gesundheit wegen eines derart überholten Gebots aufs Spiel zu setzen. Der oder die nächste KeilerIn, der/die mich am Geradeausgehen hindert, wird Bekanntschaft mit einer der Innsbrucker Straßenbahnen machen. Mit viel Glück wird dieseR Vier-Pfoten-KeilerIn in Indien als blöde Kuh wieder geboren. Und der/die Global2000-VertreterIn als sumpfdotterblumenähnliches Gewächs in irgendeinem schützenswerten Hochmoor in der Mongolei.

Du sollst nicht nicht lügen

Ähnlich respektabel überholt ist das Gebot „Du sollst nicht lügen". Das Gebot müsste vielmehr heißen: „Du sollst nicht nicht lügen". Kredenzt einem/r der/die PartnerIn (ist euch eigentlich schon aufgefallen, wie toll gegendert ich schreiben kann? Hat übrigens den Vorteil, dass man die verlangte Zeichenanzahl schneller schafft) . . . also: kredenzt einem/r der/die PartnerIn (zweimal acht Zeichen zusätzlich auf drei WörterInnen!) (Und nochmals fünf! Olé!) etwas zu essen, das man nur aus reiner Liebe runterwürgt, dann kann man doch nicht lügen und sagen: „Hmm und mjammiie, du bist der/die Kochkühnste auf der ganzen Welt!" während sich einer/m der Gaumen kräuselt, oder? Am Ende gibt es gar das gleiche Essen nächste Woche wieder! Also: Raus mit der Wahrheit – sprich: Du sollst nicht nicht lügen.
Im schlimmsten Fall hat man das Doppelbett wieder für sich

alleine. Im besten Fall hat man das Doppelbett wieder für sich alleine.

Unfassbare Bekleidungsvorschrift

Worüber ich mir noch nicht klar bin ist, wie sich die potenziellen AnhängerInnen meiner neuen Religion kleiden sollen. Mein erster Gedanke galt einer verschärften Burka-Variante: Nämlich unter der Burka noch einen Neopren-Anzug tragen zu müssen. Die Kollektion hätte ich dann „Schwitzen für den Herrn" genannt. Da aber eine Burka, die etwas auf sich hält, nur einen Sehschlitz, aber keinen Mundschlitz für die Flüssigkeitszufuhr hat, würden meine Religions-AnhängerInnen schon nach 30 Minuten dehydriert kollabieren – was zwar laufend hungerstillende Leichenschmäuse mit sich brächte, marketingtechnisch in Sachen Gläubigenakquise aber wohl nicht so der Renner ist.

Darum habe ich mich nach längerem Überlegen für ein Revival der fassbaren Bekleidung entschieden: Analog zu Diogenes und um von Weitem erkennbar zu sein, müssen sich KoschuhianerInnen ein Metall-Bierfass umhängen und einen Steirerhut tragen. Sonst nix. Wer glaubt, das sähe dämlich aus, soll sich die flachgedrückten Kochhauben von katholischen Bischöfen (hier würde ich echt gerne gendern, glaubt mir) in Erinnerung rufen. In strengen Wintern hüte man allerdings seine Zunge vor dem kalten Fass-Metall . . .

Ich, Religion, suche Namen

Um in meiner neuen Religion schließlich die vollendete Glückseligkeit zu erreichen, muss man auch Opfer bringen. Nämlich zu mir nach Hause. In Kuverts. Oder auf mein Bankkonto. Naturalien werden nur in Form eines warmen Schnitzels mit Kartoffelsalat und an Sonntagen angenommen.

Interessiert an meiner voll superen Religion? Du musst nur reich sein oder ein Schnitzel goldgelb herausbacken können, ein 50-Liter-Fass Bier eigenständig leeren können und StraßenkeilerInnen genauso hassen wie ich. Bestehende Mitgliedschaft zu einer anderen Religionsgemeinschaft egal, Kinder kein Hindernis, Führerschein B und eigener PKW von Vorteil.

Übrigens suche ich noch nach einem Namen für meine Religion: Brauch- und von mir aus auch weniger brauchbare Vorschläge gerne an: mail@derkoschuh.at – Vergelt's GöttIn!

Hat es sie nun gegeben oder doch nicht? Die Krise. Nicht die halbjährliche Krise ob drohender Prüfungen Ende Jänner und Ende Juni. Die Rede ist von der Finanzkrise, die ich selbst schon seit drei Jahrzehnten am eigenen Leib erlebe. In schönen Sonntagsreden betonen die verantwortlichen PoltikerInnen in aller Verantwortungslosigkeit, dass sie – falls es sie jemals gegeben hat – nun überwunden ist. Im April 2009 kollabierten allerortens Banken, in Österreich war längst ein millardenschweres Bankenrettungspaket geschnürt, eine durch Kärntner Größenwahn implodierte Bank musste sogar notverstaatlicht werden. VertreterInnen der unterschiedlichsten Bevölkerungs- und Berufsgruppen reagierten auf die Krise dann auch ziemlich unterschiedlich ... **Die Krise trifft uns alle.**

Die Krise trifft uns alle

Nur langsam wird das gesamte Ausmaß der Finanzkrise offenbar: ExpertInnen zufolge droht uns eine monetäre Armageddon-Dekade. Doch: sie ist längst da, die Krise. Und: sie trifft uns alle. Mitten ins Mark. Einige wenige Auserwählte trifft sie mehr oder weniger besonders hart.

Richard, 28, AWD-Finanzberater: „Unter dem Motto ‚Wie überdehne ich die Preiselastizität der Nachfrage am stärksten oder: Die Krise als Chance' raten wir nun dringend zur Veranlagung des noch verbliebenen Geldes in unseren auf alle Menschen absolut individuell maßgeschneiderten Future-TripleX-Fonds ‚Gibst du Geld dem AWD, sag ihm doch auch gleich Adieu'. Diesen Fonds habe ich zusammen mit meinem Wellensittich entwickelt: Ich habe ihm börsennotierte Unternehmen aufgezählt und immer wenn er gepfiffen hat, ist das Unternehmen in den Fonds aufgenommen worden. Und als er nicht mehr pfeifen wollte, habe ich ihm mit der Übersicht der Aktien den Käfig ausgelegt. Nach ein paar Tagen waren zwanzig Unternehmen ausgesprochen gut erkennbar mit Vogelkot markiert. Die absolute Zufälligkeit der ausgewählten beschissenen Unternehmen garantiert eine Minimali- bis Marginalisierung des Veranlagungsrisikos. Glauben wir wahrscheinlich vermutlich. Ist uns aber auch egal. Ist ja nicht unser Geld."

Das Vögeln birgt Risken . . .

Annemarie, 34, Verkäuferin bei einem Lebensmitteldiskonter, sieht sich einer nie dagewesenen Kundenschwemme gegenüber: „Auf einmal wollen alle billig einkaufen. Am Donnerstag hat sich der Wirtschaftsminister mit einer 83-jährigen Stammkundin mit Rollator einen wüsten Kampf um das alte Brot von gestern geliefert. Zivilcouragierte Kunden haben dem Wirtschaftsminister dann aber auf dem Boden herumliegende Salatblätter in den Mund gestopft und ihn mit Designer-Kleidern an die Käsekühlvitrine gebunden. Wir haben ihn dort hängen lassen – das leise Wimmern übertönen wir, indem wir den Feueralarm auf Dauerton umgestellt haben. Der Pyromanen-Anteil unter den Kunden hat sich seither verdreifacht, Streichhölzer gehen weg wie die warmen Semmeln. Den Wirtschaftsminister haben wir schon dreimal mit Buttermilch löschen müssen. Der Hautausschlag aufgrund seiner Lactose-Intoleranz schaut ekelerregend aus. Drei Tage haben wir den Minister schon an die Kühlvitrine angebunden im Haus. Fehlt er denn niemandem?“

Minister billig abzugeben

Clara, 17, Schülerin, wollte wirklich, sie schwört, die Hausaufgabe machen. Doch als sie davon hörte, dass die eine große Papierfabrik wegen der Krise bald zusperrt, brachte sie es nicht mehr über's Herz, Zellulose für so unwichtige Dinge wie eine Hausaufgabe zu vergeuden. Und überhaupt hätte sicherlich der Hund die Hausaufgabe gefressen – wenn er so rücksichtslos gewesen wäre, den Rohstoff Papier derart zu verschwenden. Wenn sie einen Hund hätte.

Krisenfeste Exekutive

Bezirksinspektor Goller, 38, freut sich schon auf den Zeitpunkt, wenn es aufgrund der Krise erste Unruhen und Plünderungen gibt: „Wir vom Wachzimmer Innere Stadt, das sind der Richie, der Walter 12, der Pete, der Marek unser Austauschpolizist aus

Polen und ich, sind bereit. Die Schlagstöcke sind schon poliert. Gerade gestern haben wir das Training im Tränengas-Simulator abgeschlossen. Zwei Tage lang haben wir in einer Großküche Zwiebel geschält. Wer weinte, flog raus. Nach sieben Minuten haben wir alle geweint und sind rausgeflogen. Die Verantwortlichen, allen voran Gewürzkollektor Angerhuber, haben dann aber eine neue Hürde eingezogen: Nur wer weint UND einen IQ über 100 hat, hat den Polizeidienst quittieren müssen.
Wie soll ich's sagen: wir sind seit heute wieder dabei, unsere Katzenaugen auf nächtlich-unterbelichtete RadfahrerInnen zu werfen und ortografisch bedenkliche Organstrafmandate auszustellen ...

Brauchbarer Krisentipp zur rechten Zeit

Horst, 48, Gynäkologe, beklagt, dass die Krise und die damit einhergehende Depression bei Männern zu vermehrter Lendenlähmung, sprich: Verminderung der Spermienanzahl führt. Alleine in seiner Ordination sank die Pro-Kopf-Schwangerschaftsrate von 1,4 auf 1,38 – wenn das so weiter geht, wird laut Horst die Menschheit in 73 Millionen Jahren ausgestorben sein. Pensionsexperten sehen deshalb in 74 Millionen Jahren das Pensionssystem ernsthaft in Gefahr. BZÖ und FPÖ fordern als Konsequenz in trauter Zwietracht die Ausweisung von allen in Österreich lebenden Personen, in deren Nachnamen das Verhältnis Konsonant zu Vokal höher als 2:1 ist. Konsequenz des total durchdachten Vorschlags: Wer „MaieR" heißt (Verhältnis 1:1,5), soll bleiben dürfen, die Frau „Vislucil" (Verhältnis 1,6:1) auch, ein Herr „Strache" (Verhältnis 2,5:1) müsste sich aber eine neue Bleibe suchen. Soll noch einer sagen, das BZÖ und FPÖ nur unbrauchbare Vorschläge parat haben ...

Und noch ein Krisen-Rezept zum Abschluss: Kartoffeln mit Schale kochen, schälen, halbieren. Mit einer Krise Salz abschmecken. Servieren. Der Sommelier empfiehlt dazu einen edlen Tropfen aus dem Hause „Pack du Tetra 2008, Hängeregal rechts". Wohl bekomm's.

AK muss nicht zwangsläufig „Arbeiterkammer" heißen oder das Kürzel eines russischen Sturmgewehrs sein, nein: „AK" steht im Fall von „Koschuhs Kugelschreiber" für absurdkomisch. Die Kolumne vom April 2008 packt nicht nur zahlreiche damals (wie teils auch noch immer heute) vorherrschende Themen an – sie erweist sich schon beinahe als prophetisch. Kaum zweieinhalb Monate nach Erscheinen ließ es der damalige Vizekanzler Wilhelm tatsächlich moltern: Mit den Worten „Es reicht." Eine Neuwahl des Nationalrats war die Folge. Und wer geglaubt hatte, mit der Regierung Gusenbauer sei der Tiefpunkt erreicht gewesen, wurde (und wird) mit der Regierung Faymann eines Schlechteren belehrt . . . Al Quinda – so kindlich ist der Terror.

Al Quinda – so kindlich ist der Terror

Eine hier nicht näher zu nennende Rundfunkanstalt, deren GIS-Erlagscheine ich regelmäßig verlege, bat mich, ein Drehbuch für eine neue Kinderserie zu schreiben. Es solle „etwas ganz Neues" sein, damit der ORF (uups, jetzt isses draußen) endlich auch einmal ein Format an Endemol VERkaufen könne. Jedenfalls, so die Vorgabe, müsse die Kinderserie den Spagat zwischen Bildungsauftrag, Gewaltprävention sowie -verherrlichung und politischer Infiltration schaffen. Untenstehend mein Vorschlag für Szene 1 von „Stirb langsam V oder: Al Qinda – die kindliche Fratze des Kinderterrors":

Figuren

Karate-Kid Kalle: Kleidung: Judo-Hose, orange-brauner Gürtel; Oberkörper: FKK; Skihelm mit „Smith & Wesson"-Logo, 6 Jahre alt, Aufmerksamkeitsdefizitsyndrom, Deutscher.

Österreichische Staatsbürgerschaft-Anwärter Özgür: Idealtypus gelebter Integration nach FPÖ-Version: ohrwurmgleicher Tiroler Landeshymnen-Tinitus – einzelne Textstellen auf Türkisch, jedoch nicht herabwürdigend, was laut Landesgesetz über die Tiroler Landeshymne glatte Blasphemie wäre; 5 Jahre alt, schon Vollbart und damit einhergehende automatische Andreas-Hofer-Ähnlichkeit; Sieger des Kindergarten-Redewettbewerbs „Auch ich habe Kindergartentante Helga mit Hausmeister Franz , so Sachen machen gesehen".

Armer Analphabet Alfred: Bewindelter, 1,5-jähriger, stets nur herumkrabbelnder, schwer sabbernder, manchmal quengelnder, quälgeistiger zukünftiger Pensionssicherer; auf Windel-Rückseite supertoller Wahlkampfspruch einer Partei, die laut Eigendefinition stets sozial und innerhalb des Verfassungsbogens agiert: „Willi lass das moltern!" (politische Infiltration erfüllt).

Kantig-konservativ Katrin: BWL-VWL-IWW-Wunderkind, 8 Jahre alt, 3-fach-Magistra, rhetorisch minder begabt, drückt sich ständig nur mit irgendwelchen Formeln aus, hat sich den Geburtstermin im Mutterleib selbst errechnet, von Times und Spiegel damals zum Millenniums-Baby gekürt, erstes Kind des 21. Jahrhunderts mit einer Sozialkompetenz kleiner gleich Null.

Orangenhautphobikerin Ornella: Ständig irgendeine Creme auf sich schmierend, beim Anblick von Orangen in Schreikrämpfe ausbrechende Hypotonikerin; öfter ohnmächtig als vivid; Gründungsmitglied der Hinterhof-Bande „Klimawandel ist nur was für Mimosen – und wenn er kommt, dann laufen wir davon", Stief-Schwieger-Urenkelin vom grünen Gründungsmitglied Freda Meissner-Blau, Lacto-Vegetarierin, Hautfarbe daher kaum dunkler als chlorfrei gebleichtes Recyclingpapier, 7 Jahre alt.

Szene

Ein typischer, von Erwachsenen gebauter, kind-ungerechter Spielplatz. Sandkiste mit kaum Sand drin. Kaputte Rutsche. Jede Menge Bierdosen, die die hunderttausenden durch Österreich ziehenden Komasauf-Horden leer zurückgelassen haben.

That's it. Sämtliche ProtagonistInnen im Bild, manche auch noch nicht, die meisten aber schon, die anderen erst später.

Österreichische Staatsbürgerschaft-Anwärter Özgur will eine Sandburg bauen, inklusive Minarett. Einzelspot. Hintergrundmusik „Dem Land Tirol die Treue, auch wenn ich es bereue".
Armer Analphabet Alfred rutscht auf dem Popo dahinkriechend irgendwie durchs Bild, erstickt beinahe am soeben gegessenen Sandkuchen, der irgendwo herumstand. Keine Soundeffekte erforderlich. Erfängt sich, plärrt drauf los.
Auftritt Karate-Kid Kalle. Springt von rechts in die Szenerie, drückt mit einer tiefen Verbeugung vor Özgür mit seinem Smith & Wesson-Helm das Minarett platt, schreit irgendwas von Thai-Chi, vielleicht niest er auch nur und macht sich wieder vom Acker. Abgang nach links. Action Kamera 2:
Orangenhautphobikerin Ornella: wird ohnmächtig, erwacht kurz darauf wieder, um noch kürzer darauf völlig unterzuckert wieder der Ohnmacht anheimzufallen. Wechsel auf Spot Mitte. Kamera 1 Großaufnahme
Kantig-Konservativ Katrin stellt eine neue Formel auf: „Religionsfreiheit plus Intoleranz mal Gewalt dividiert durch Lambda Pi = auf Sand gebaute Religionsfreiheit. (Gewaltpräventionsauftrag ein bisserl erfüllt). Steckt armem Analphabeten Alfred, sozialkompetent wie sie ist, noch ein Löffelchen Sandkuchen in den Mund. Warum sie das tut, weiß sie selbst nicht, sie ist nur froh, dass das blöde Geplärre wieder aufhört. Geplärre hört auf. Alfred läuft zuerst rot (nona), dann blau an.
Orangenhautphobikerin Ornella erwacht, sagt zu Kantig-Konservativ Katrin, dass man „das nicht tut", womit der geforderte Bildungsauftrag erfüllt wäre. Zugleich packt sie eine Creme aus und beschmiert sich damit die Oberschenkel. Windhose von links, die durch die Sandkiste fegt.

Orangenhautphobikern Ornellas Oberschenkel schauen nun aus wie rauhfaserverputzte Minarette. Österreichische Staatsbürgerschaft-Anwärter Özgur jodelt auf. Erneuter Auftritt Karate-Kid Kalle: läuft Zinedine-Zidane-kopfstoßgleich, Smith & Wesson behelmt Orangenhautphobikerin Ornella über den Haufen. Gewaltverherrlichungsauftrag erledigt.
Plötzlich aufkommender Gestank von links der Mitte. Armer Analphabet Alfred hat den Sandkuchen in die Windel freigegeben, diese reißt auf. Willi ließ es moltern. Neuwahl. Oder doch nicht? Oder doch?
Am Set gehen die Lichter aus.

Hätte Plutonium eine ähnliche Halbwertszeit wie Vizekanzler der ÖVP, würde ich schon in zwei Jahren auf Wellnessurlaub im Nordosten Japans gehen – und der dann frisch gebackene Ex-Vizekanzler Spindelegger gleich mit mir. Auf gut tirolerisch: „es isch zum daloaden" – da hat man sich endlich statt schwarzer Ecken und Kanten an die Rundungen eines Josef Beppi Pröll gewöhnt, tritt er zurück. Nicht aber wegen moralisch-ethischer oder gar strafrechtlicher Verfehlungen, nein, solche Rücktrittsmotive sind in Österreich rar gesät. Die Gesundheit war ihm wichtiger, dem Herrn Pröll. Wo er Recht hat, hat er Recht. Dass ihm die bündische und hyper-föderalistische Struktur der ehemaligen christlich-sozialen Partei den Rest gegeben hat, musste er gar nicht extra erwähnen.
Noch im November 2010 schmiedete Pröll große Pläne: da die nächste Nationalratswahl plangemäß erst 2013 stattfindet, wäre jetzt ein idealer Zeitpunkt für ein Sparpaket, das sich gewaschen hat. Und mit einem guten Roten würde er auch Kanzler Faymanns Widerstand hinwegschwemmen ...
Es ist zum Weinen ...

Es ist zum Weinen ...

Leute, legt Vorräte an. Knüppeldick wird es kommen. Kreativ wird das WIE sein, wie man uns das kommende Budgetsparpaket und die zahlreichen Steuererhöhungen unkenntlich und verdaulich machen will. Immerhin steht die nächsten drei Jahre keine einzige große Wahl an – und damit ist der Weg frei für Steuerunfug der Extraklasse: wirklich wichtige Reformen werden dem großkoalitionären Friedensgott zuliebe ausgespart, während die schlimmen Finger Werner und Josef allerortens Daumenschrauben anlegen. Und wie das Amen im Gebet kommt in drei Jahren, unmittelbar vor der Nationalratswahl, ein dann sogenanntes „Entlastungspaket“. Denn das Wahlvolk brennt ja nur darauf, für dumm verkauft zu werden – würden diese Einnahmen zur Budgetsanierung herangezogen, könnte man sich Steuererhöhungen & Co getrost sparen ...

Faymann (Bundeskanzler, SPÖ, leicht überdehnbares Rückgrat; Anm.): „Also, Beppi, wo sollen wir denn deiner Ansicht nach Rambazamba spielen?“
Pröll (Finanzminister, ÖVP, Seilschaftsgewinner, Raiffeisengetreuer; Anm.): „Bei den Studenten, bei den angehenden Akademikern, und bei denen, die für überfüllte Uni-Hörsäle sorgen. Und bei den Lebensmittelmarken.“
Faymann: „Das geht nicht. Lebensmittelmarken können nicht teurer werden – die gibt’s doch gar nicht mehr.“
Pröll: „Aber bald wieder.“
Faymann: „Was gibst mir denn, wenn ich dich Studienge-

bühren, Zugangsbeschränkungen, Uni-Budget-Kürzung & Co durchziehen lasse?"

Pröll: „Mein Versprechen, dass ich es mit Freude mache."

Faymann: „Und was noch?"

Pröll: „Typisch SPÖ. Immer nur fordern, fordern, fordern."

Faymann: „Du hast ja gar keine Ahnung, wie nervig die VSSTÖ-lerInnen sein können, wenn ich das nicht tue."

Pröll: „Ist das eure Femi-Truppe oder wie?"

Faymann: „Nicht ‚Frau-SSTÖ'. VSSTÖ. Das war mit Binnen-I gesprochen, so ein Gender-Ding, das grad voll in ist."

Pröll: „Was ist Dschänder?"

Faymann: „Du solltest unterwegs nicht immer nur Teleshopping-Kanäle im Fernsehen anschauen und dir dauernd neue Mieder für deinen ausufernden Bauch kaufen, sondern ruhig mal was für die Bildung tun."

Pröll: „Sag' du mir nicht, was ich machen soll! Das macht schon der Onkel Erwin."

Faymann: „Sorry, aber du musst ja nicht gleich rot sehen. Setz' dich wieder hin. Magst was trinken?"

Pröll: „Ja. Wein. Einen guten Roten vernichte ich doch immer gerne."

Faymann: „Geh, Laura! Kannst deine Rhetorikübungen mal unterbrechen und uns ein Flascherl Blauburgunder bringen? Oder besser gleich zwei."

Pröll: „Drei!"

Zwei Stunden später ...

Faymann (lallend singend): „I muass im früher'n Leben a Reblaus g'wes'n sein . . ."

Pröll: „Schau, da musst unterschreiben. Direkt unter Nachtrag zur Koalitionsvereinbarung: Die Gegenfinanzierung des Bankenrettungspakets wird mit der Wiedereinführung von Studiengebühren und Prüfungstaxen in der Höhe des zweifachen des dreifachen Bezugs eines Abgeordneten zum Nationalrat über eine Laufzeit von 20 Jahren sichergestellt."

Faymann: „Lalala – wos?"

Pröll (geht Richtung Türe, läuft in halbhoher Position auf Faymann zu, mit Kinderstimme): „Herr Bundeskanzler, Herr Bundeskanzler! Bittttеее ein Autogramm!"

Faymann (dem vermeintlichen Kind auf den Hinterkopf tätschelnd, mit schwerem Zungenschlag): „Guuddes Gind, garantiert Genosse. Gib Gulli!"

Pröll reicht Faymann einen Kulli. Faymann unterschreibt promillig, aber willig.

Pröll wittert seine Chance und plärrt erneut mit kindlichem Augenaufschlag: „Bitte noch eines! Für den Papa! Und eines für die Mamaaa! Und die Tante Mizzi!"

In den folgenden zehn Minuten geschieht Folgenschweres: per vermeintlichem Autogramm für ein auffällig kahlköpfiges, aber für heutige Verhältnisse normal übergewichtiges Kind verfügt Faymann ein Feuerlöschseminar für alle Studierenden der Uni-brennt-Bewegung, besiegelt der Kanzler das Aus für die Elite-Uni in Gugging (weil mit Studiengebühren, Zugangsbeschränkungen etc. eh schon alle andern Unis zu Elite-Unis werden), und verleiht sich selbst den postgradualen Titel „Master of Desaster".

Fazit dieser Geschichte: Faymann eine Marionette von Pröll? Mitnichten. Der Neffe des niederösterreichischen Kassiers, pardon: Kaisers ist schlicht und einfach trinkfester.

Nun haben wir also den Salat: Anstatt die Universitäten mit dem eigentlich nötigen Geld auszustatten, soll der Zugang zu einzelnen Studien beschränkt werden. Nicht per Numerus clausus. Nein, wir in Österreich sind da ein bisschen gewievter: wir machen zu Beginn des Studiums eine so genannte „Orientierungsphase“, die schließlich in eine quasi knockout-Prüfung mündet. Diejenigen, die dann wirklich studieren dürfen, können sich für die Zeit nach Abschluss ihres Bachelor-Studiums schon freuen. Denn der Zugang zum nachfolgenden Master-Studium soll ebenso eingeschränkt werden. Aber nur ein bisschen. Dann ist es ja eh nicht gar so schlimm.
Hätte man mich gefragt, ich hätte schon im Oktober 2007 einen viel ehrlicheren, darwinistischen Weg vorgeschlagen. Da hätte sich die Spreu ziemlich rasch vom Weizen getrennt . . .
Nur etwas für Harte.

Nur etwas für Harte

Aufdecker-Story à la Alfred Worm: Rektorat plant Hardcore-Tests für Uni-Neulinge.

Einem mir exklusiv zugespielten geheimen Geheimpapier zufolge will der neue Rektor in Zukunft StudienanfängerInnen einem verpflichtenden Eingangstest unterziehen. In manchen Studienrichtungen sollen sogar Pflicht-Exkursionen und Pflicht-Praktika verordnet werden. Überprüft werden soll, wie der und die Einzelne mit Leistungsdruck umgeht – unter absoluten Extrembedingungen.

StudentInnen der Betriebswirtschaftslehre
In Gruppen zu je 40 Personen und nackt werden die Prüflinge ins Wolfsgehege des Alpenzoos gesteckt. Unter dem Motto „Fressen und gefressen werden" soll der Konkurrenzdruck in der Wirtschaft veranschaulicht werden.
Mit den erwarteten 20 Prozent „Kollateralschäden" und dem Verkauf ebendieser an die Organ-Mafia soll die Infrastruktur an der SOWI verbessert werden (Chinaglas-Elemente nicht auf die Hungerburgbahnstationen sondern auf's SOWI-Dach, neverending-Nuklearenergie-Batterien für die Aula-Mikrofone etc.).

StudentInnen der Internationalen Wirtschaftswissenschaften
Gleiches Procedere wie BWL, jedoch drei Erasmus-StudentInnen pro 40er-Gruppe.

StudentInnen der Pädagogik

Wenn sich schon mal Leute finden, die sich freiwillig mit quengelnden Kindern beschäftigen wollen, soll man sie nicht auch noch mit einem Test behelligen. Verpflichtend wird allerdings für das dritte Semester ein Praktikum als Aufsichtsperson bei McDonalds-Kindergeburtstagen empfohlen, wobei zumindest ein 12-jähriger Komasaufender Jugendlicher und ein Kind mit Speisefett-Allergie mit dabei sein müssen.

StudentInnen der Soziologie

Kein Einstiegstest als solcher – jedoch wird das erste Semester verpflichtend als Auslandssemester in Nordkorea absolviert. Semestertitel: „Die natürlichen Grenzen des Non-Konformismus in semi-demokratischen Gesellschaften der Gegenwart". Den wenigen, die es schaffen, trotz abgenommenem Reisepass zurückzukehren und bei der Ankunft am Soziologie-Institut nicht das Lied „Ich lieb'und will Kim Jong Il, meine liebste Speis' ist Korea-Reis" anzustimmen, werden 5 Prozent der Studiengebühr für das Auslandssemester rückerstattet.

StudentInnen der Germanistik

Im Rahmen eines anglizismenfreien Assessment-Centers müssen die Prüflinge in einem Multiple-Choice-Test Fragen zu ihrer Motivation beantworten: Frage 1: Sie möchten wirklich Ihre Muttersprache studieren? Frage 2: Sie sind sich ganz sicher? Frage 3: Echt? Frage 4: Noch einmal: Ihre Muttersprache – haben Sie Frage 1 ausreichend sinnerfassend gelesen? Frage 5: Sind Sie im Besitz des Taxi-Scheins?

StudentInnen der Theologie

Frei nach dem Motto „voller Einsatz für den Herren" müssen angehende Theologen vor Studienantritt den Jakobsweg auf

Knien gehend absolvieren. Als Beleg gelten beidseitige Titan-Knie-Prothesen, Achtung: Klopftest mit Vorschlaghammer bei Startvorlesung.

StudentInnen der Psychologie

Aufgrund des zu erwartenden potenziell schwachen Nervenkostüms von Psychologie-StudentInnen rät die rektorale Kommission, von einem Einstiegstest oder Ähnlichem Abstand zu nehmen. Ergänzend wird daran erinnert, dass die Innsbrucker Berufsfeuerwehr lediglich zwei Leiterwägen mit Leitern von mehr als 30 Metern maximaler Länge und nur ein Sprungtuch hat.

Schreibt man in einer uninahen Zeitung, ist das Geschriebene schon per se recht unilateral, sprich: einseitig. Manches Mal darf man aber auch die Seite wechseln und in Rolle und Denken der für die Uni-Misere Verantwortlichen schlüpfen. So geschehen im Oktober 2010, als ich der damals zuständigen Ministerin mehr oder weniger brauchbare Vorschläge unterbreitete, wie sie die klammen Kassen mit Kohle füllen und dem leidigen Gejammer über Sparzwänge im universitären Bereich ein jähes Ende bereiten könnte. Und weil man in der Politik stets mehr fordert, als man zu erreichen glaubt, fielen die Vorschläge durchaus weitreichend aus. Aber immerhin hat man jetzt eine Diskussionsgrundlage abseits der leidigen Debatte rund um den Unsinn der Studiengebühren . . . Ohne Geld kein Titel.

Ohne Geld kein Titel

Mit einer an Dramatik nicht zu überbietenden Aussage ließ jüngst Wissenschaftsministerin Beatrix Karl aufhorchen: Den Unis fehlt Geld. Na bumm. Wer hätte das gedacht? Karl ging sogar noch einen Schritt weiter: Es müsse rasch Geld her, sonst müssten bis zu 70 Prozent der ProfessorInnen gehen. Während die kreative Karl über die Einführung von Studiengebühren oder (und?) Prüfungsgebühren nachdenkt, habe ich viel kreativere Lösungen, wie die universitäre Finanzmisere final vertschüsst werden kann ...

Zuallererst rate ich zum Satteln des beliebtesten Steckenpferdes der Ministerin, die laut eigenen Angaben Wissen schafft: Drittmittel, sprich: Sponsoring. Was zum Teufel spricht dagegen, sich das Pathologie-Seminar zum Thema Suizid von Smith & Wesson finanzieren zu lassen? Wer hätte etwas einzuwenden, wenn ein Psychologieseminar zum Thema Missbrauch von der katholischen Kirche gesponsert würde? Oder – Gott bewahre – eine Vorlesung plus Übung? Toll wäre es doch auch, wenn die Einführungsvorlesung für europäische Ethnologie von einem Funktionär der deutschen rechtsextremen NPD gehalten würde. Ich meine, wenn sie ordentlich zahlen, wäre es doch nur rechts und billig, oder? Oder was wären die Vorlesungen am Institut für Erziehungswissenschaften unterhaltsamer, wenn die ProfessorInnen jeweils in ein lebensgroßes Gummibärchen-Kostüm schlüpfen müssten? Alternativ könnte die Uni auch ein mittelgroßes Bordell anmieten und die Videokabinen adaptieren. Statt Fleischbeschau ganz ohne Kleider gibt's Wissen durch den LV-Leiter. Mit zehn Euro ist man dabei. Nach zehn Minuten gehen Licht und Ton aus und man muss wieder Geld abdrücken. Ist doch schön, wenn sich Bildung zu prostituieren beginnt. Man denke nur an die Reaktion der Oma, wenn man sagt, dass man von Montag bis Freitag (SüdtirolerInnen: bis Mittwoch) ins Puff geht?

Bücher sind voller Wert. Brennwert

Einsparen: da denken alle über einen Müllverbrennungsofen für Tirol nach, beklagen das zu wenig anfallende brennbare Material – und vergessen das Naheliegendste: die Uni-Bibliotheken. Bücherverbrennungen haben doch Top-Lagerfeuercharakter. Und erzeugen ganz nebenbei national-soziale Wärme. Was die Bücher alleine durch das laufende abgestaubt werden Müssen an Kosten verursachen, schrecklich. Und wenn ich daran denke, wie viel Platz frei würde, würde man den gesamten Bestand an Bibliotheks-Büchern verheizen ...: alleine am Hauptstandort der Uni-Bibliothek gingen sich locker an die 12 Bowlingbahnen aus. Der eigelbe Kunststoffboden macht einer Bowlingbahn ja schon mal alle Ehre. Und überhaupt, sind wir ehrlich: bitte wer braucht schon Bücher? Würden Bücher tatsächlich schlau machen, gäbe es die FPÖ nicht.

Jetzt oder U-nie: Goldreserven anknabbern!

Ein weiterer, nicht unwesentlicher Faktor zur Sanierung leerer Uni-Kassen ist das Verscherbeln von nicht mehr gebrauchtem Eigentum der Universität oder ihrer Tochterfirma, der ÖH. Damit auch die JuristInnen was zum Nachdenken haben: „Besitz im Eigentum der Uni“, ätschibätsch. Zuallererst könnte man das Blattgold von den Stühlen in den Hörsälen kratzen und die Tafeln aus grünem Bernstein bei Christie's versteigern lassen.

Zusätzlich würde ich die Haziendas in Südspanien, die die ÖH für sonnenhungrige StudentInnen instand hält, auch an ProfessorInnen und Vertragsbedienstete vermieten. Und die sollen bitte ordentlich Kohle abdrücken, weil was die verdienen . . . also ich sag nur: liebe Grüße aus Schlaraffia. Mit einem haarsträubenden StudentInnen-Privileg muss auf jeden Fall Schluss sein: ich finde es in Zeiten wie diesen unverantwortbar, dass man bei der Inskription automatisch ein Semesterticket für Bus und Bahn, eine Snowboard-Ausrüstung und einen Laptop geschenkt bekommt. Und einen EDV-Techniker aus Indien dazu. Also so geht's nun wirklich nicht. Diesen Automatismus kann ich nicht gutheißen. Das Ausfüllen eines Formulars wäre das Mindeste, das man tun sollte, um die Goodies zu erhalten.

Gebührend zu studieren ist schwer

Abschließend darf schon gesagt werden, dass man gegen Studiengebühren nur schwerlich argumentieren kann. Nein, das war jetzt gelogen. Aber noch was Ungelogenes: vor kurzem las ich im „Spiegel" einen bemerkenswerten, nicht neuen, aber dauerhaft gültigen Satz: „Bildung ist der Schlüssel zu Allem". Gesprochen von einem Präsidentenberater. Der Berater ist ein Schwarzer. Nicht im politischen Sinne. Ist ja klar. Der Berater ist für den Präsidenten im afrikanischen Mali tätig. Tatsache. Noch Fragen?

Es ist ja nun einmal so: der Uni-Alltag ist zumeist ein grauer. Seit dem Neubau des Vorplatzes der Geisteswissenschaftlichen Fakultät ist der Alltag nun sogar betongrau. Einzige Abwechslung zwischen all den Betonbodenplatten ist die Vogeltränke direkt vor dem GeiWi-Haupteingang, in die Ortsunkundige auch schon mal gerne hineinwaten.
Es war höchste Zeit, etwas dagegen zu unternehmen. Im Juni 2010 fasste ich einen Entschluss, der meinen Stoffwechsel auf eine harte Probe stellen sollte: ich wollte streiken. Ich hätte auch nur in den Sitzstreik gehen können. Ich wählte aber die Herminator-Variante und ging in den Hungerstreik. Ohne Wenn und Aber. Es war der schlimmste Tag in meinem Leben ... Erkenntnisse eines Hungerleiders.

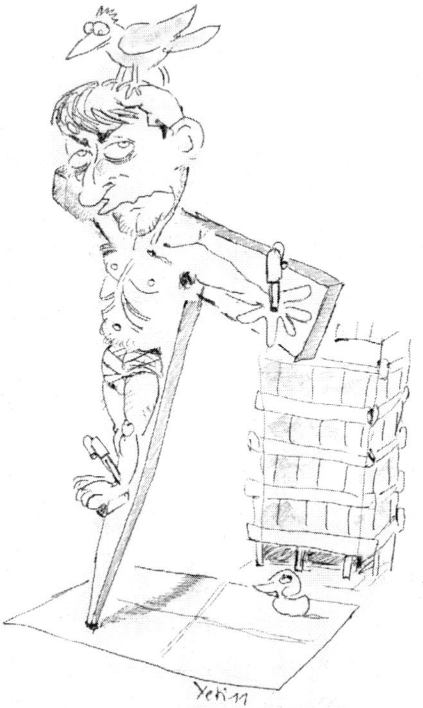

Erkenntnisse eines Hungerleiders

Ein Spiegelei macht noch keinen vollen Magen. So viel war klar. Trotzdem aß ich es, nein: schlang es hinunter, als ob es kein Morgen mehr gäbe. Mein Hungerstreik war zu Ende. Ich hatte verloren, und doch war ich Sieger. Genau so musste es sich anfühlen, wenn man zum Kader der österreichischen Fußballnationalmannschaft gehört ...

Zwei Tage zuvor hatte ich alles auf eine Karte gesetzt: In einem offenen Brief, der leider nirgends abgedruckt wurde, kündigte ich. Nämlich an. Ich kündigte an, mich noch am gleichen Tag aber so was von voll zu fressen wie es sonst nur Bullemiker tun – um tags darauf in den ultimativen Hungerstreik zu treten. Öffentlich. Auf dem neuen Vorplatz des Uni-GeiWi-Turms. Das präuniversitäre Hungern sollte meinen Hunger auf mehr Grün stillen helfen: Sogar der Star meiner Oma ist weniger grau als die Betonwüste, auf der Graskeimlingen noch seltener Asyl gewährt wird als Flüchtlingen mit Einschusslöchern in Österreich.

Mein Traum, als ich am Vorplatz der GeiWi meine Isomatte entrollte und mich und meinen Magen auf Enthaltsamkeit einschwor, war:

Jedem Studium sein Refugium

Ein kleines Glashaus, damit Metereologie-StudentInnen den Treibhauseffekt haut- und zeitnah erforschen können; ein aufgeschütteter begrünter Erdhaufen als „speakers' corner" für GermanistInnen und SprachwissenschafterInnen; eine Grasnarbe als Gruß an die medizinische Nachbar-Uni; ein Feld, auf dem Johanniskrautsamen gesät werden für angehende PsychologInnen; eine Sandkiste samt zweier dauerplärrender Kleinkindroboter für ErziehungswissenschafterInnen; eine Minimundus-ähnliche Kleingartensiedlung samt über die Grundstücksgrenze wachsenden Kirschbaums für juvenile JuristInnen; ein zwei Quadratmeter großes Maisfeld, damit StudentInnen der Wirtschaftswissenschaften die weltweite Maisnachfrage außerbörslich beeinflussen können; ein halbes Fußballfeld reine Wiese zum Herumlümmeln für Alle – soziologische Langzeitstudie sozusagen – und schließlich noch ein Gemüsebeet für TheologInnen, die sich vegetarisch ernähren. Ach ja: ein einziges graues Betonfeld sollte es weiterhin geben – für künftige ArchitektInnen.

Mein Blut, das für euch hingegeben wird

Nun saß ich also da und wunderte mich, dass gar so wenig los war. Ich hatte einen Donnerstag nachmittag gewählt und ganz offensichtlich waren die SüdtirolerInnen schon am Vortag nach Hause gefahren, um die leeren Tupperware-Dosen wieder mit Sugo befüllen zu lassen und die VorarlbergerInnen waren vom x-ten Xiberger-Fescht am Vorabend sicherlich noch leicht angeknockt samt Kübel im Bett. Vom vielen Denken an Sugo und Co bekam ich schon nach der ersten Stunde Hungerstreik Hunger. Unbändigen Hunger. Ich musste zur Ablenkung mit dem Daumenlutschen anfangen. Und doch beschlich mich ein Gefühl der Kraftlosigkeit. Nach drei Stunden hatte ich Nasenbluten. Klug wie ich bin, nutzte ich das Blut, um einen Slogan auf eine der Betonplatten zu schmieren: „Sichtbeton 4 Vice-Presiden“. Für das „t“ und ein optionales „!“ war meine Blutgerinnung zu gut. Schade. Aber ich erregte Aufsehen: der Pilot eines Rettungshubschraubers, der sonst nur auf dem genüberliegenden Dach der Chirurgie landet, vermutete aufgrund des Blutes einen schweren Unfall und machte Anstalten, vor der GeiWi zu landen. Die hellen Betonplatten blendeten ihn aber so sehr, dass der Hubschrauber in den Inn abstürzte. Ich wäre ja gerne zu Hilfe geeilt, doch ich hatte eine Mission: gemütliches Grün statt grauenvolles Grau."

Rücktritt einer Ministerin

Ich legte mich auf meine Isomatte und mich derart schlafen. Ich wurde von Alpträumen geplagt. Ich träumte von Bergen. Dann wurde ich auch noch von Albträumen geplagt: Ich träumte von Beatrix. Nein, nicht von der Königin der Niederlande. Eher der Königin der Uni-Niederlagenlande. Ganz unten am Fuße eines Berges war sie. Sie wollte per Fahrrad ganz rauf. Auf dem Gipfel stand kein Kreuz sondern in großen Lettern geschrieben: „BIP 2 Prozent". Und dann geschah es: Beatrix trat zurück! Tatsächlich: sie gaukelte vor, im Eiltempo auf den Gipfel zu wollen, und sobald sie einen halben Höhenmeter geschafft hatte, trat sie auf die Rücktrittbremse ihres Fahrrads. Sisyphos musste bei ihr in die Lehre gegangen sein.

Ich wachte auf. Ein Vögelchen hatte mir auf den Kopf gesch . . . lagen. Per Schnabel. Nicht schlecht, Herr Specht. Es war 9 Uhr morgens, Freitag. Tag 1 des Hungerstreiks. Neben mir lag ein Ei. Ich schlug es auf und briet mir auf den heißen Betonplatten ein Spiegelei. Anschließend ging ich im verglasten Verbindungstrakt zwischen Bruno-Sander-Haus und GeiWi-Turm in die Sauna. Beatrix hatte mich verwirrt. Mein Hungerstreik war eine glatte Niederlage und doch zwei Erkenntnisgewinne: Sichtbeton blockiert die Sicht auf Herausforderungen. Und: visionslose, betongraue Uni-Politik ist geschlechtsunabhängig.

Den Alfred-Worm-Preis für Aufdeckerstories hätte sich der Koschuh'sche Kugelschreiber seit mindestens vier Jahren verdient. Damals, genauer im April 2007, förderten investigativst geführte Recherchen Unglaubliches zutage: das ÖH-Medium „UNIpress“ ist seit geraumer Zeit nicht mehr im Besitz der ÖH. Aufgrund meiner Rechercheergebnisse wurde ich entführt und mit schlechtem Gesang und Pseudo-Journaille gefoltert. Nur mit Hilfe einer Ratte konnte ich mich an die freie westliche Welt wenden. Nach wie vor diene ich diversen Psychologie-phd'lerInnen als Versuchskaninchen in puncto posttraumatisches Belastungssyndrom . . . **Aufruf zum Protest-Picknick.**

Aufruf zum Protest-Picknick

Koschuh wurde entführt! Hilferuf eines entführten Entführungsopfers und UNIpress-Kolumnisten.

LiebeR FinderIn dieses Textes! Die Ratte, an deren Schwanz ich diesen Zettel befestigte, stammt aus dem Keller des ÖH-Gebäudes. Hab keine Angst, ihre Bisse tun zwar weh, aber die Blutungen dauern selten lange. Bitte hilf mir! Ich werde seit 5 Tagen von einer redaktionären-autoritären Zwei-Mann-Aktionsgruppe in einem mit UNIpress-Ausgaben und Eierkartons austapezierten Keller festgehalten. Bei Wasser und Brot. Und Tofuschnitzel. Gegen meinen Willen!

Wasser und Brot und Tofuschnitzel

Ich bitte Dich inständig, diesen Text an die Druckerei der UNIpress weiterzuleiten. Die ganze Welt muss erfahren, was ich herausfand. Ganz wichtig (!!): Das Redaktionsteam darf nichts davon wissen! Wenn sie vor Drucklegung davon erfahren, dass es mir gelungen ist, eine Nachricht nach draußen zu schmuggeln, werden sie mich . . . entschuldige die verwischte Schrift, immer diese Weinkrämpfe . . ., – sie werden mich – rotzundwasserheul – mit Radio Maria beschallen und mich zum Lesen sämtlicher „Für Sie" und „freundin"-Magazine der letzten Jahre zwingen.

Ich hab nämlich recherchiert und Unglaubliches über das Printmedium UNIpress herausgefunden, und das muss die Welt da draußen erfahren:

Liebe Welt,
die UNIpress gehört seit kurzem nicht mehr der ÖH! Ein Heuschrecken-Consortium „G & G“ hat, als die ÖH-Führung beim jüngsten Mensa-Fest mindestens so paniert war wie meine grauslichen Tofuschnitzel, die UNIpress aufgekauft! Also, die nackte Wahrheit ist, dass die ÖH-Führung einfach kein Kartenglück hatte und die UNIpress beim Jassen verjuxt hat.

ÖH verspielt beim Jassen die UNIpress

Ich hab daraufhin sofort begonnen, investigativst zu recherchieren, und war erschüttert: Hinter den Kürzeln „G & G“ verbergen sich keine Geringeren als Gantner und Ex-Gehrer! Natürlich hab ich sofort die Redaktionsleitung darüber informiert und einen Protestartikel für die nächste Ausgabe angekündigt. Am Abend des gleichen Tages wurde ich dann entführt. Ich weiß nicht, von wem, die Typen tragen Zorro-Masken und Pferdeschwanzhaarperücken. Ihre Stimmen kommen mir jedoch vertraut vor . . . es könnten die beiden sein, die in jeder UNIpress auf Seite 3 zu sehen sind. Wirklich! Hach, es ist so schrecklich hier im Keller. Sie haben mir das Motiv vorgesungen, weil sie offenbar befürchtet hatten, dass ich sie an ihren Sprechstimmen erkenne: Die ÖH hat offenbar volle Wäsch Angst vor den ersten Studi-Demos, die sich gegen die ÖH richten! Revanche-Jassen wurde von Gantner kategorisch abgelehnt, die Gehrer hat einen Strip-Poker vorgeschlagen, was dann wiederum die ÖH'lerInnen kategorisch abgelehnt haben. Der Karren ist hoffnungslos verfahren. Ich rufe aus meinem schalldichten Kellergefängnis zu einem Protest-Picknick gegen „G & G“ und für ein faires Bauernschnapsen um die UNIpress am Sonntag, den 22. April, 15 Uhr, am Brunnen bei der Annasäule auf. Und dann befreit mich bitte!

Was hat dieser Mann nicht alles verbockt: Er verkaufte uns Steuererhöhungen als Steueranpassungen, machte eine seiner Liebschaften, grad frisch von der Uni abgegangen, zur Staatskommissärin bei einer Bank und als Staatskommissär bei der Meinl Bank entsandte er seinen Pressesprecher. Dann wären da noch die von der Industriellenvereinigung gesponserte Discount-Homepage, die BUWOG-Affäre und vermutlich hunderte andere Sachen, die man ihm – noch – nicht nachweisen kann. Und immer war er mit einem Fuß im Kriminal. Aber eben nur mit einem. Und immer tauchte und taucht er im Dunstkreis zwielichtiger Geschäftemacher auf. Der Mann scheint weder Skrupel noch ein Gefühl für Anstand zu haben. Und dann setzt er sich in eine Fernsehdiskussion und liest einen Brief vor, wonach man ihm nur seine Schönheit, seinen Erfolg etc. neidig wäre. Wenn die Toten bei uns nicht in tiefen Gräbern liegen würden, er würde vermutlich wohl auch über Leichen gehen ... KHG – Koschuh huldigt Grasser.

KHG – Koschuh huldigt Grasser

Ich wollte, ich wäre wie Karl-Heinz Grasser: Dann wäre ich zu schön und könnte mir aus hunderten Frauen die Mutter meiner Kinder aussuchen. Ach, was sage ich: Es wären Tausende und es wären wohl Mütter. Aber nein, ich werde wohl weiter singulär dahindarben und darauf warten, dass sich meine Premium-Accounts bei den zwölf führenden Single-Börsen endlich bezahlt machen. Ich wollte, ich wäre so schön wie Karl-Heinz Grasser. Dann würden meine Chancen steigen, bei den Tiroler Schützen endlich erster Marketender der Schützengeschichte zu werden.

Ich wollte, ich wäre so intelligent wie Karl-Heinz Grasser: Dann würde ich eine Formel erfinden, mit der die Zahl Pi endlich auf eine klare 3komma0 abgerundet werden kann. Die vielen Zahlen hinter dem Komma merkt sich doch eh keine Sau. Wäre ich so intelligent wie Karl-Heinz Grasser, würde ich das Welthungerproblem lösen, indem ich Präsident der Welternährungsorganisation werde und die empfohlene Kaloriendosis pro Mensch und Tag auf 25 senke – unterernährungsbedingte Blähbäuche wären plötzlich eine Folge vom Fast-Food-Boom in der Sahelzone. Die angeblich entwickelte Welt könnte einen großangelegten know-how-Transfer starten und ein paar hunderttausend der Millionen DiätassistentInnen nach Afrika schicken. Die Brunnenbauer, die vor einigen Jahren ebendorthin geschickt worden sind, könnten endlich wieder zurückgeholt werden, sich zuhause wirklich Wichtigem widmen und in Tankstellennähe nach Öl bohren.

DiätassistentInnen gegen Blähbäuche

Wäre ich so intelligent wie Karl-Heinz Grasser, würde ich die Erderwärmung als Segen sehen und auf Grönland eine Modelabel für Bikini-Mode aufbauen. Den Inuit, denen die Iglus unter dem Arsch wegschmelzen, würde ich sagen: „Fisch' was Gscheit's!" und ihnen zum Fang von Fischstäbchen raten. Den Pazifik-Insulanern, denen das Wasser bald bis zum Hals und darüber steht, würde ich Aktien einer Entfeuchtungsfirma andrehen und Anrainern der wachsenden Sahara würde ich Feuchttücher verkaufen. Und weil sie bald nirgends mehr eine Oase mit Wasser finden, würde ich ihnen auch noch Milchpulver andrehen.

Bei Wassermangel: Milchpulver

Ich wollte, ich wäre so dreist wie Karl-Heinz Grasser: Dann würde ich mich in eine Fernsehsendung setzen, vielleicht sogar eine von politischem Format, und würde probate Rezepte gegen Inflation, Arbeitslosigkeit, Krise und Co präsentieren: das Knödelrezept meiner Oma. Das hat schließlich auch mir geholfen, als ich vor 25 Jahren Hunger hatte. Wäre ich so dreist wie Karl-Heinz Grasser, dann würde ich eine Bank überfallen und vor Gericht Stein und Bein drauf schwören, dass das satte Orange an meinen Händen nicht vom explodierten Alarmpaket, sondern vom vielen Orangen Essen kommt. Und einen selbst verfassten wikipedia-Artikel über die Ursachen von Orangenhaut hätte ich auch noch parat.

Wäre ich so dreist wie Karl-Heinz Grasser, würde ich in meiner Zeit als Finanzminister meine alzbeheimte Altenheim-Großtante zum Kauf von Genussscheinen einer Bank überreden und drauf hoffen, dass ich schon bald per sie anfallendem Schlaganfall in den Genuss gar nicht weniger Scheine komme.

Genießen-genoss-Genussschein

Ich wollte, ich wäre so gut vernetzt wie Karl-Heinz Grasser: Ich würde Josef Hader beraten, wie sein nächstes Kabarettprogramm heißt und würde für „Hader soll bleiben" Millionen kassieren.

Wäre ich so gut vernetzt wie Karl-Heinz Grasser, würde ich mich nicht wie Ex-Bundeskanzler Gusenbauer damit zufrieden geben, einen de-facto-Diktator zu beraten, sondern ich wäre des Parade-Diktator Kim Jong Il rechte Hand. Wäre ich so gut vernetzt wie Karl-Heinz Grasser, hätte auch ich Dank nächtlichen Haarnetzes derart wallendes Haar.

Gutes Haus, schlechter Charakter

Ich wollte, ich wäre aus so gutem Hause wie Karl-Heinz Grasser. Dann würde ich . . . Nein, das wollte ich doch nicht. Denn offensichtlich kann ein gutes Haus den Charakter ganz schön verderben. Da bin ich dann schon lieber ganz ich selbst. Nicht zu schön – aber auch nicht zu hässlich. Nicht zu intelligent – aber auch nicht gerade dem Schwachsinn anheimgefallen. Nicht zu dreist – nur ein bisschen tolldreist. Nicht so gut vernetzt – nur so ein bisschen facebook.

Aber so ehrlich wie Karl-Heinz Grasser wäre ich schon gerne: Dann würde ich mich selbst anzeigen, um mein belastetes Gewissen zu erleichtern: in der zweiten Klasse Volksschule habe ich dem Lukas seinen Radiergummi gestohlen, als Pubertierender habe ich zumindest einmal die Frau meines mir Nächsten begehrt und – es fällt mir schwer, das zuzugeben: ich hatte gestern zu große Augen und habe nicht aufgegessen.

Eine Zeit lang war es so, dass alle Studierenden in einer Studi-WG die UNIpress von der Post zugestellt bekamen. Sofern sie dort auch gemeldet waren. Nur bekamen von den vier in einer Muster-WG wohnenden Studis fünf die UNIpress an einem anderen Tag. Manche bekamen sie doppelt, andere wiederum gar nicht. Offizieller Grund war, dass die UNIpress die Druckerei gewechselt hatte und diese Druckerei das mit den Adressen und der Post nicht so ganz auf die Reihe bekommen hat. Ich vermute ja viel eher, dass die MitarbeiterInnen der Druckerei die mitgeschickte Adressdatenbank auf Klebeetiketten ausgedruckt und sich auf die Stirn geklebt haben, um das allseits beliebte Spiel „Wer bin ich?" zu spielen. An der Post kann das mit der verspäteten Zustellung nicht gelegen haben, da bin ich mir zu fast fünf Prozent sicher . . . Die Post bringt irgendwann allen was.

Die Post bringt irgendwann allen was

Jüngst schlug ich der UNIpress-Chefredaktion vor, es „Krone“, „TT“ etc. gleich zu tun und von der Zustellung der UNIpress per Post zur Hauszustellung überzugehen. Auf die Post ist in Zeiten der gelb-goldenen Pensions-Handshakes nun wahrlich kein Verlass mehr. Spätestens drei Tage nach Druck sollten von nun an alle paar hundert StudentInnen im UNIpress-Verteiler die UNIpress vor ihrer Wohnungstüre haben. Begeistert willigte die Chefredaktion ein.

Von einer gemütlichen Schitour mit nur zwei Lawinentoten zurückgekommen (wir waren zu dritt, aber soo gut kannte ich meine Großeltern nun auch wieder nicht . . .), hatte ich mir ein warmes Bad eingelassen. Ich ließ es natürlich zu Ehren der beiden Verschiedenen ein, ehrlich.
Als ich mir beim Ist-das-Badewasser-zu-heiß-oder-geht's?-Test die Hand ordentlich verbrühte, läutete es an der Türe. Der Fahrer eines Speditions-LKW fragte mich, wo er die UNIpressen abladen solle. Ich sagte ihm, er solle die drei oder vier geschnürten Päckchen doch bitte einfach vor die Haustüre legen. Wenig später hörte ich den LKW-Rückfahr-Pieps und so war für mich die Sache vorerst erledigt.

Bei mir piepst's wohl

Als ich mir, in hellster Badewannen-Vorfreude meine lange Schiunterhose ausziehen wollte, ertönte ein an Quantität und Lautstärke stetig zunehmendes Hupkonzert. „Scheiß sich selbst auslösende Auto-Alarmanlagen“, dachte ich mir und schaute aus dem Fenster, um mich am sicher bald dahereilenden Nachbarn, dem das Vehikel gehörte, zu ergötzen. Doch . . . Ergötzen war nicht. Aber ein „E"-Wort war schon. Entsetzen. Erschrecken. Egal, ich war perplex. Ein Berg von mehr als 20.000 UNIpressen blockierte die Straße vor meinem Haus. Der Fahrer eines Notarztwagens war gerade dabei, hektisch zu reversieren, ein Stauberater des ÖAMTC versorgte andere AutofahrerInnen mit Tee, der Ö3-Verkehrshubschrauber kreiste über dem Geschehen.

Gutes Rad ist teuer

War ich von einigen wenigen hundert BezieherInnen der UNIpress ausgegangen, musste ich nun feststellen, dass ich innerhalb der nächsten drei Tage zigtausende Ausgaben der UNIpress zustellen musste. Jössas. Das Badewasser ließ ich Badewasser sein, ich orderte einen Schneepflug, der mir die UNIpress-Ausgaben entlang der Häuserschluchten zusammenschob, holte mein Fahrrad und startete mit der Hauszustellung. Die ersten Adressen waren allesamt im Internationalen Studentenheim. Gott sei Dank. Das würde sicher schnell gehen, dachte ich mir. Einen aus Kartoffelsäcken selbst zusammengenähten Riesenrucksack auf dem Rücken düste ich zum Eingang des Studentenheims, schmiss mein Fahrrad vor den Eingang und begehrte Einlass.

Mon cher, der Portier

Der Portier stierte mich „Der Pate"-like an. Ich machte ihm mit einem Fingerzeig auf die Uhr klar, dass ich es eilig hätte und er nicht so blöd schauen solle. Er schaute auf mein vor dem Eingang liegendes Fahrrad und stierte mich nun „Der Pate II"-like an. Ich rief ihm zu: „Himmelherrallahnochmal, ich weiß, dass ich mein Fahrrad nicht hier abstellen darf sondern in Einzelteile zerlegt „der Ordnung halber“ in die bereitgestellten 30 x 30 x 30 cm großen Kästchen stecken muss, aber ich habe dafür verdammt noch mal keine Zeit! Komm, du Hirni, mach auf!“ Des Portiers Blick wechselte von „Der Pate II“ auf „Terminator I“. Er sprach etwas in ein Funkgerät und lächelte mich verschmitzt an. Ich bot ihm verlegen ein „MonChéri“ an, doch das schokoladige Friedensangebot mit der Kirsche drin wirkte nicht. Ich vernahm ein eigenartiges Scharren und Wetzen rund um mich herum. Aus dem Boden waren vier Käfige hochgefahren worden. Drin waren Hunde. Golden Retriever hätte ich mir gewünscht – so ein bisschen Knuddeln wär schön gewesen. Waren es aber nicht. Sondern pro Käfig zwei Hunderln mit übergroßer Schnauze samt Bisssperre. Die Käfige sprangen auf. Ich blieb eiskalt stehen und machte einen auf Ausdruckstanz-Marillenbaum. Was bemühte ich mich um Authentizität! Der erste Hund kam näher. Wohlig warm markierte er mich als seinen Besitz. Die sieben anderen Hunde jedoch waren einfach nur böse Beiß-Berserker.

UNIpress: Vielseitig verwendbar

Irgendwie – vermutlich ob der fehlenden Blätter – hatten sie mich als The guy to fress from UNIpress angesehen und fletschten wüstest. Ich Armer sah meine Beine bedroht und nahm selbige unter die Arme. Die Viecher hetzten mich Ex-Baum, nach wie vor mit dem Rucksack voller UNIpress-Ausgaben auf dem Rücken, quer übers Gelände. Der Portier lachte sich einen Ast.

Nach 30 Minuten und geschätzten 4,5 Litern Flüssigkeitsverlust gelang es mir, einen der Hunde mit einer UNIpress, die ich ihm ins Maul stopfte, zu ersticken. Für was die Dinger doch alles gut sind. Ich schwenkte den weißen Hund wie eine Fahne und ergab mich dem Portier.

Dieser entpuppte sich schließlich als Teilzeit-Portier, früherer Vollzeit-Postler. Durch meine Zustelltätigkeit hatte er den Arbeitsplatz seines Sohnes, der Postbusfahrer ist, gefährdet gesehen. Ich musste ihm, widrigenfalls er mich mitsamt den Hunden in meinen übergroßen Rucksack stecken würde, versprechen, die persönliche Hauszustellung zu unterlassen.

Nun ... ich tat, wie mir geheißen wurde ... Und so ist auch weiterhin die Post für den Versand des Mediums UNIpress zuständig ... bei aller verzögerten Zustellung, die man sich als Post, die etwas auf sich hält, eigentlich nicht leisten kann. Ich gab mein Bestes, ihr habt es gerade gelesen. Doch, sorry, dann bin ich auf den Kampfhund gekommen ...

Man muss nicht schwarz malen um schwarz zu sehen. Für den Durchschnittsmenschen genügt das unterdurchschnittliche, gebührenfinanzierte ORF-Programm, um rot zu sehen und zum oder zur SchwarzseherIn zu werden. Ich für mich darf einleitend mit Nachdruck betonen, dass ich natürlich keinen Fernseher in meinen vier Wänden herumstehen habe. Mir genügt ein passables Teleskop, das vorhanglose Wohnzimmerfenster meines Nachbarn und ein aus Kupferdraht, einem Backblech und zwölf tonverstärkenden Joghurtbechern selbst gebasteltes Richtmikrofon, um in den Ungenuss von Dancing Starlets und Co zu kommen. Und trotzdem komme ich immer wieder in den Genuss von Besuchen der unvorherfernsehbaren Art – was mich denn auch kreativ werden ließ . . . **Ich sehe schwarz für Innsbruck.**

Ich sehe schwarz für Innsbruck

Sie haben es schwerer als schwer: Die Gebühreneintreiber des ORF mit Tätigkeitsbereich Innsbruck.

Seit 12 Jahren ist Karl Gebührenkassier für den ORF. Kein Innsbrucker Stadtteil, in den er nicht schon einmal strafversetzt worden ist. Denn Karl ist weder zart noch smart – er ist beinhart. Penibel trägt Karl seine unangemeldeten ORF-GIS-Wohnungsbesuche in Innsbruck in sein Tagebuch ein:
22. Jänner 2007: War heute in Dreiheiligen unterwegs. Läutete bei „Koschuh". Zielperson gab vor, nicht da zu sein. Licht im Wohnzimmerfenster war klar zu sehen. Koschuh, dich krieg ich noch.
23. Jänner: Heute Überstunden gemacht. Lag von 6 Uhr morgens bis Mitternacht vor Haus der Zielperson auf Lauer. Befragte Briefträgerin gab an, dass Zielperson wahrscheinlich „kurzfristig verreist" sei. Glaubte Briefträgerin kein Wort. Stecken beim Gebührenprellen doch alle unter einer Decke.
24. Jänner: Fand Briefträgerinnen-Uniform, Perücke und Rollwagen der Post in Mülltonne. Zielperson wird zum Problem. Koschuh, zieh dich warm an – jetzt wird's ungemütlich.

GIS stürmt ORF-Landesstudio

25. Jänner, vormittags: Wurden um 7 Uhr morgens von anonymem Anrufer über „unzählige Fernsehgeräte, für die sicher niemand ORF-Gebühren bezahlt" im Stadtteil Saggen, Rennweg 14, informiert. Alpha-Team rückte, flankiert von geleasten US-Marines, vor. Stürmten Punkt 8 Uhr Objekt. Objekt

stellte sich als ORF-Landesstudio heraus. Koschuh, du Hund, ich mach dich fertig.

25. Jänner, nachmittags: Habe mich im US-Army-Shop eingekleidet. Von Verkäufer aufgeschwatzter Militärfallschirm löste sich auf Höhe Sillpark von selbst aus. Verhedderte mich in einer Straßenbahngarnitur. Einer Garnitur der Stubaitalbahn.

25. Jänner, abends: Aus Stubaital mit höllischen Schürfwunden zurück gleich zum Haus der Zielperson geschleppt. Beim Eintreffen von verspäteter Silvesterrakete, auf der „PISS on GIS" stand, ins Familienglück getroffen.

Die Waschmaschinen-Amnesie

25. Jänner, spätnachts: War kurz zuhause. Eis auflegen war gute Idee. Rücke gleich nochmals suspensoriumbestückt inklusive Nachtsichtgerät zu Zielperson vor. Koschuh, jetzt bist du am Arsch.

25. Jänner, ganz spät in der Nacht (geschrieben am 29. Jänner): Auf Rakete folgte laut Ärzteteam noch ein aus dem Fenster geworfener Fernseher, der mich am Kopf traf. Und eine Waschmaschine auf der stand: „Sicher ist sicher". Laut Polizei ist unklar, wem die Geräte gehören. Essen hier in der Klinik ist gut.

30. Jänner: Las heute in einer Zeitung für StudentInnen einen Artikel von einem gewissen „Koschuh". Schreibt nett, der Mann. Merke, Tagebuch: Falls ich den Typen mal ORF-GIS kontrollieren sollte, nachsichtig sein und Autogramm keilen.

In Koschuh'scher eigener Sache: Liebe ORF-GIS-Kontrollore: Besuche bei mir zwecklos. Hatte nie einen Fernseher. Und seit Ende Jänner ganz sicher nicht, brauche auch keinen. Aber eine neue Waschmaschine wäre toll …

Es ist wie es ist, und es ist gut so: In Tirol leben nicht nur Tirolerinnen und Tiroler. Ebenso verhält es sich mit der Innsbrucker Universität, an der nicht nur Innsbruckerinnen und Innsbrucker studieren, sondern neben den trinkfesten Studierenden aus Oberösterreich auch die noch viel trinkfesteren Leute aus dem Rheintal und seinen Seitentälern oder etwa die ExpertInnen in Sachen Sugo und Co, die SüdtirolerInnen. Dazu kommen dann noch gar nicht wenige aus Deutschland. Nun könnte man den jeweiligen Dialekt zum generell besseren Verständnis zwischen VertreterInnen dieser Gruppierungen ablegen und ins Hochdeutsche wechseln, was a) im Fall von SüdtirolerInnen auch eine sehr charmante und unterhaltsame Sache ist b) nichts daran ändert, dass sich Deutsche und ÖsterreicherInnen oder Nord-ItalienerInnen nicht immer wirklich verstehen. Und dann wären da noch die Erasmus-Studierenden, die mit Deutsch schon gleich gar nichts anfangen können. Was liegt also näher, es einmal mit Denglisch zu versuchen? ... **Fremdenführing by Koschuh.**

Fremdenführing by Koschuh

This Ausgabe of „Koschuhs Kugelschreiber" will be a besondere one: This Kolumne will be written in German-English. The reason for it lays on the hand: It gives always more students from foreign countries and I can it not any more ertrag, that they exluded are by me writing in Deutsch. The reason for not writing in full-full-double-full-English lays also on the hand, wenngleich auf der anderen: I mag not ausschließening all those, whose English a little bit of eingerostet is. And because I will schreib about places, die man and woman sich geben sollte, um Innsbruck really get to know, makes it gleich doppelt sense. Doesn't it? Yes, it does. Wurscht.

Let me start with the most wichtigst place you should have, if you live in the Tyrolean Landeshauptstadt: an Arbeitsplatz. Und hast du keinen, dann such dir einen. Translated English version: you are absolutely on the ass, if you don't have an Arbeitsplatz. Weil Innsbruck is an expensive Worldcity, brutal, also horrible – it`s the absolute Wahnsinn. A schlaf-place costs ungefähr as much as you earn with your work at the Arbeitsplatz. The rest of the Lohn goes drauf für the so called Studiengebühr and so Schreib- and Learningsachen.

Bye, bye bicycle

If you one of the stolz Radlbesitzers are, can I you a Tipp give, no, not a Trinkgeld but a Radschlag: It gives no place, where the bicycle wirklich sicher is. So hang not too much on your Radl, you will bereu it. The best is, you schenk it irgendjeman-

dem – so can you vorbeug the weltbekannte „Innsbruck-Radl-diebstahl-Trauma“. With a little luck can you it a week later on the Flohmarket at Hafen finden (Innrain 149). This Flohmarket is stattfindening every Samstag von 7 to 13 o'clock.
If you would like to eat something, but the Monate sind zu lange for too less money mit dem you dir etwas zum Ham-ham kaufen kannst, I can tell you about a place, where you can verdien Euros while you are lieging auf einer Liege. Du glaubst me not? It`s the truth, echt: Twenty euro for nicht ein-mal an hour. The not so very good point on this story is, that a Nadel will be gestochening in your arm. And you will verlier about 700 Milliliters of Body-Flüssigkeit. Dafür bist du after-wards wieder flüssig.

Dear students, verkauft eure Körper

This process is called „Plasma-Spending“ and you can do it at two places in Innsbruck: At „Baxter's“ draußen am Mitterweg 16 or at the more central gelegenen „Plasmadienst Tirol“ at the Innrain 6. If you pretend not doing it wegen des Geldes but for saving the life of andere Menschen, you simultaneous-ly (what a schwierig to write word!) do the gute Tat, which you once a day machen solltest.
But: Let you danach not blicken at the Bahnhofs-Vorplatz! One of the unterbeschäftigten police officers will schau you schräg an because of the Einstiche in your arms and you will be belled at and auf das Intimste beschnüffeled by Drago, the drug-dog.
In generell the Bahnhof is a good place for to leave Innsbruck. It`s also the only place, where a Lebensmittelgeschäft also on Sonntagen open is. This is quite toll, if you don't feel the best after having besucht one of the two Plasma-sauging-compa-nies on a friday and your Kreislauf doesn't erhol sich on the

following saturday and you are not in der Lage for to erledig your Wochenend-Einkauf.

Where to get to know other students

One of the most important Sache for students is the kennenlerning of other students. Natürlich not in the matter of f***ing, no, for sure not. Students do not copulate because they are not yet married. This knows doch die ganze world. But they want to kennenlern for to discuss about the economic crisis in the United States or about peak oil and the Auswirkung on the Energiepreise. In the coming Wintersemester can you students am besten get to know on the Ski-Pisten around Innsbruck. The Frischverletzten-Ambulanz of the Innsbruck hospital could also be a good place. If you come as an Erasmus-student from let's say Griechenland: Skiing works by gliding down a mountain, welcher covered is by Schnee. Schnee is that little white pieces falling down from Himmel when the temperature nicht gar so hoch ist. If you dir not sure are, just ask the zuvorkommenden Damen at the Innsbruck Information at the Burggraben 3. By the way: Mountains are the Grund, why new students not selten get claustrophobic attacks. They feel then as if they are persecuted and umzingelt by the Berge. Well, how should I it say: it is so. If you don't like the mountains piss off and finish dein Studium in Vienna. You must know that we are proud of our Berge. After world war II they were totally destroyed. And our grannies built them wieder auf.

Gerade als Kabarettist und Autor hat man einen geschärften Blick für vieles, was in der Politik schiefläuft. Und da kommt in Tirol einiges zusammen. Als kleinkünstlerisch aktiver Kabarettist weiß man auch besonders um die Missstände in der Kulturpolitik. Im Juni 2009 kulminierten diese Einsichten in zahlreichen Geschehnissen und zwei von der Landespolitik mit großem (finanziellen) Aufwand vorangetriebenen Vorhaben: Am Bergisel wurde eifrig am gut 25 Millionen Euro schweren Museum gebaut, herunten im Tal fieberten manche bei 41 Grad Körpertemperatur dem Landesfestumzug im September entgegen. Zur gleichen Zeit bangten nicht wenige soziale oder kulturelle Einrichtungen um ihren Fortbestand. Manche davon gibt es tatsächlich nicht mehr, und die meisten davon müssen sich nach wie vor jedes Jahr aufs Neue Gedanken machen, wie und ob es überhaupt weitergehen kann . . .
Kein Scherz in unlustigen Zeiten.

Kein Scherz in unlustigen Zeiten

Ja, diese Kolumne wird nicht lustig. Und ja: Du solltest trotzdem weiterlesen. Oder gerade deshalb.

Was würde Andreas Hofer machen, würde er im Heute leben und nicht vor mehr als 200 Jahren? Würde er einen Milchpreisaufstand anführen – gegen Milchprodukte von Danone oder gegen jene von Domspitz im bayerischen Regensburg? Würde er kurz überlegen, die Bauernschaft mit ihren Güllewägen gen Brüssel zu schicken, dann noch kürzer innehalten, um dann in aller epischen Schmalheit kleinlaut zu meinen: „Na, Mander des isch z'weit." Ist Andreas Hofer 1810 denn überhaupt wirklich erschossen worden – oder war es nicht vielmehr der noch viel tapferere Rupert Wintersteller, der nicht im Kampf getötet, sondern als Hofer-Double in Mantua von bleiernen Kugeln niedergemäht wurde? Und war dies alles ein abgekartetes Spiel mit Napoleon, der im Gegenzug „unserem" Hofer das Versprechen abnahm, ins Exil zu gehen – und zwar nach Sachsen? Und ist das der Grund dafür, dass es in Sachsen einen Ort gibt, in dem wegen einer offensichlichen genetischen Mutation sogar die Frauen Vollbärte tragen?

Unlustige Zeiten . . .

Diese und ähnliche Fragen hätte ich mir vielleicht gestellt und beantwortet, hätte ich dem Schwerpunktthema dieser Ausgabe gerecht werden wollen. Diese und ähnliche Fragen wollte ich mir aber nicht stellen. Nicht jetzt. Ganz sicher nicht jetzt. Viel Geld hat das offizielle Tirol lockergemacht, um das verordnete Gedenkjahr zur Erhebung Tirols gegen ... wen? Franzosen? (von Napoleons Gnaden regierende Bayern waren es, Anm.) zu zelebrieren:

- Dutzende „Kultur“projekte mit unzweideutig eindeutigem Schwerpunkt wurden und werden durch die Landesregierung ermöglicht.
- Ein „Museum der Wehrhaftigkeit“ (so der originelle ursprüngliche Projektname), mittlerweile nur mehr salopp „Bergisel-Museum“ genannt, wird errichtet.
- Eine Dornenkrone, für die ich die Verschrottungsprämie sogar aus eigener Tasche bezahlen würde, wird wieder reaktiviert und von Schützen (sorry, gendern ist hier nicht) durch Innsbruck getragen. Der vermutlich längst angesetzte Flugrost soll mit Rosen kaschiert werden, die eigentliche Botschaft wird damit kaum kaschiert – wie vordergründig behauptet – sondern vielmehr behübscht.
- Alles wird getan, damit die Fußgängerzone rechtzeitig fertig wird. Rechtzeitig für was? Pünktlich zum Frühlingsbeginn 2009? Pünktlich zur sommerlichen Gastgartensaison? Nein: Rechtzeitig zum Aufmarsch der zahlreichen Traditionsverbände, die dem Hofer-Jubilieren den schmucken Trachtenaufputz geben.

... erfordern manchmal ...

Da kriegt man echt die Krise. Und nun ist sie auch da, die Krise. Ich meine nicht die wirtschaftliche. Ich meine die kulturelle Krise.

Während die Landesregierung für das Gedenken an die Erhebung Tirols in Kombination mit dem Abfeiern eines erzkonservativen Andreas Hofer, der beim bevorstehenden Burschenschafter-Kommers ein viel gefeierter dialektaler Festredner wäre Unsummen an Geld ausgibt, wird auf die hiesige Kultur-

szene ganz offensichtlich vergessen: Die über Wochen geführte Einbahn-Kommunikation von Treibhaus in Richtung Kulturlandesrätin ist symptomatisch für den Stillstand in der Kulturpolitik. Da einer, der sich seit Jahrzehnten einen sprichwörtlichen kulturellen Haxen ausreißt, dort eine, die den letztendlich auch medial kundgetanen finanziellen Hilferuf nicht hört, weil sie sich via i-pod mit der Landeshymne beschallt.
Die seit Jahren andauernden Gespräche, Sondierungen, Verhandlungen rund um das Bierstindl sind mindestens ebenso symptomatisch: Da, wo es schnell gehen soll (Hofer, „Bergiselmuseum", etc.) fließt das Geld wie in Schlaraffia, dort wo es schnell gehen muss (Neubau oder Generalsanierung Bierstindl) stockt es gewaltig.

... unlustige Kolumnen

Liebe Alle, setzt zumindest ein leises Zeichen gegen das Geldverschleudern im „Jubel"-Jahr 2009 und zeigt zumindest ihr euch solidarisch mit der in Innsbruck verankerten Kulturszene. Und setzt damit ein zumindest leises Zeichen gegen das Geldverschleudern im „Jubel"-Jahr 2009. Uuups, ist schon ein bisschen hart, was? Das mit dem „Geldverschleudern".
Welch anderes Wort könnte mir aber in den Sinn kommen, wenn man mitansieht, welche Einrichtungen derzeit aufgrund mangelnder finanzieller Zuwendungen schon dichtmachen mussten, vor dem Aus stehen oder dazu gezwungen sind, wie lästige Bittsteller im Landhaus die Klinken zu putzen. Rechtsberatung für Asylwerber, Kleiderausgabestelle, Frauen- und Lesbenzentrum, Notschlafstelle ... (Liste exemplarisch, nicht taxativ).

Dr. Sommer hat abgemeldet, wenn der Herbst um sich greift. Wenn die Tage endgültig kürzer und die Nächte länger werden, ist praxisnahe Ratgeberei und kein sinnfreies Geschwafel angesagt. Aus reinem Altruismus habe ich mich schon vor Jahren bereit erklärt, meine schier grenzenlos begrenzte Erfahrung Anderen, die meiner Hilfe bedürfen, zukommen zu lassen. Keine Antwort, die nicht auch jemand Anderes parat hätte – doch aus meinem Munde klingt beinahe alles glaubwürdiger. Beispiel gefällig? Bitteschön: „Messer, Gabel, Schere, Licht ist für kleine Kinder nicht.“ Na? Die Atomlobby hat längst Headhunter auf mich angesetzt. In einer Kampagne hätte ich die Unbedenklichkeit von Kernenergie veranschaulichen sollen. Ich bin aber schon für die Anti-Solar-Strom-Lobby tätig und warne vor dämmrigen Tagen, weil Solarzellen bekanntermaßen auch die Helligkeit der Sonne absorbieren. Neben meinem Engagement als Lobbyist bleibt kaum noch Zeit für direkte menschliche Kontakte. Deshalb habe ich meine Beratungstätigkeit ins www verlegt . . . **Ihr Problem ist mir ein Anliegen.**

Ihr Problem ist mir ein Anliegen

Nach einem superfeinen Oktober ist er nun da. Der Herbst. Na super. Den haben wir gerade noch gebraucht. In der Früh, wenn der Wecker abgeht, ist es so dunkel, dass man glaubt, man wäre über Nacht erblindet. Es ist kalt. Buuaah. Die Tage werden kürzer. Die Stimmung rutscht von einem Tief ins nächste - die Herbstdepression greift um sich. Und ich trete wieder meinen Dienst an. Als allzeitbereiter Live-chat-Kriseninterventionist.

Sehr geehrter Dr. Koschuh! Ich, Mitte vierzig, männlich, suche auf diesem Weg eine treue Seele für den gemeinsamen Weg durch die Unbill des Lebens. Spätere Heirat – sollten die Grünen irgendwann bei einer Wahl über 50 Prozent der Stimmen erhalten - nicht ausgeschlossen. Meine Hobbies sind: Tote Tiere ausstopfen, von A wie Ameise bis Z wie Zitronenbuntbarsch, das Bilden der Quersumme von Nummerntafeln vorbeifahrender Autos und Luft anhalten.

Wie stopft man Ameisen aus?

Sehr gestörter Unbekannter,
jetzt halten Sie mal die Luft an. Erstens ist das hier keine Singlebörse. Zweitens ehrt mich Ihr Interesse. Dass sich ein homosexueller Mann für mich interessiert, zeigt, dass ich mit meinem neuen Style auf dem richtigen Weg bin. Letzte Woche wurde ich von einem Macho brutal zusammengeschlagen, nun Ihr Interesse – irgendwann, vielleicht so gegen Ende No-

vember, werden sich vielleicht auch Frauen für mich interessieren. Drittens: Sie sollten mit dem Billardspielen beginnen. Dort sehen Sie dann sogar neunzig Prozent grünen Filz. Viertens: Ich bin kein Doktor. Auch wenn ich ein Fan des gleichnamigen Spieles bin. Fünftens: bitte wie stopft man Ameisen aus? Mit einer auf 3 Millimeter abgeschnittenen Spaghettinudel aus Hartweizen? Nix für ungut, aber Sie haben einen ordentlichen, wie kann ich mich ausdrücken ohne Sie zu sehr zu verletzen, Knall. Auf Nimmerwiederles, Koschuh.

Hallo Koschuh,
der Martin hat gemeint, dass ich dir was schreiben soll, weil sonst eh niemand etwas schreibt. Schreib mir doch, welche Probleme ich haben soll, damit ich mir etwas überlegen kann. Ok? Übrigens danke für deine Karte aus der Betty-Ford-Klinik! Wie lange bist du denn jetzt schon trocken? Liebe Grüße, Christian.

Hallo Herr Christian,
völlig unverständlich für mich erging Ihr Schreiben an mich. Sie müssen mich da, ähm, äh, mit, äh, jemandem so . . . verwechseln. Ja, genau. Ich, äh, habe noch nie Probleme mit so Drogen gehabt. Nur ohne.

Ihr Problem interessiert mich brennend

Sehr geehrter Herr Koschuh,
bei mir brennt es gerade. Wissen Sie die Nummer der Feuerwehr? Eilt. Lg, Verena.

Liebe Feuerwehrena,
ja, weiß ich.

Sg Herr Koschuh,
bei mir brennt es! Lg, V.

Liebe V.,
auf Ausrufesätze kann man laut den Gesetzen der deutschen Grammatik keine Antwort geben. Stellen Sie halt einfach eine zielorientiertere Frage.

Vollkoffer!
Wenn du mir nicht sofort die Nummer der Feuerwehr schreibst, sorge ich dafür, dass deine Krankenakte aus der Betty-Ford-Klinik über den Uni-Mail-Verteiler geht! Und wenn das nicht genügt, dann auch noch deinen Strafregisterauszug! Jetzt her mit der (hust hust) verdammten Telefonnummer!!

Hi Verena,
damit kannst du mir nicht drohen. Ich war nie in der Betty-Ford-Klinik und wie willst du denn das mit dem Uni-Mail-Verteiler anstellen, hm? Da hat doch nicht jedes dahergelaufene Brandopfer Zugriff. Also so wird das nix mit der Telefonnummer.

Hallo Koschuh,
hier Martin. Schau mal in deinen Uni-Webmail-Account. Finde ich toll, dass du mit deiner Alkoholkrankheit so offen umgehst. Hat sich der Christian schon bei dir gemeldet?

Hi Verena,
122 Feuerwehr. 144 Rettung. 133 Polizei. 112 Alpiner Notruf. 147 Rat auf Draht. Lg und Gruschel.

Mit Lyrik wird der Herbst recht schwyrig

Sehr geehrter Herr Koschuh,
Laub, von unsichtbarer Hand gelenkt gen Erde. Bäume, Skeletten gleich. Stumme Vögel, geflohen. Wie ein Schleier die Kälte, nebelgleich über der Stadt. Gefrorene Mienen, verhärmte Menschen allerorts ... LG, Happy84

Äh, ja, hallo Happy84,
puuh, und jössas. Hast du Johanniskraut in Griffweite? Oder von diesen Schüssler-Salzen das mit Lithium? Wenn es sich bis morgen nicht bessert, täte ich's mal mit drei Tagen Schlafentzug versuchen. Da bist du dann so was von überdreht, dass du volley im Quatsch Comedy Club auftreten kannst. Lass den Kopf nicht hängen und: Hellau! PS: wenn's nicht besser wird: Europabrücke. Comprende?

Hallo Sohnemann,
bist du am Nachmittag zuhause? Ich habe die Wäsche gebügelt und bringe dir zwei Tupperware-Döschen mit Sugo mit. Du wirst ja immer dünner. Hast du denn niemanden, der auf dich schaut? Mama

Hi Mum,
wie kommst denn du in diesen Live-Chat? Und hast du auch bei dem einen Hemd den Knopf wieder angenäht? Wäre super. Und kein Wunder, dass ich immer dünner werde: du bringst mir immer nur Sugo. Aber ich brauche doch bitte auch Nudeln. Nachmittags bin ich nicht zuhause, aber du hast ja eh einen Schlüssel. Und zur letzten Frage: Ich habe doch dich :-). Bussi

Herbst 2009: Ausgehend von Wien werden in Österreich aus Protest gegen die „Bildungspolitik“ Hörsäle besetzt. Auch in Innsbruck formiert sich Widerstand gegen den Stillstand, der in Wahrheit einem Rückschritt gleicht. Bald kommt es zum „Uni brennt!“-Flächenbrand in ganz Europa: kaum ein Land, in dem Studierende nicht auch per Hörsaalbesetzung gegen den Bologna-Prozess und für höhere Bildungsbudgets demonstrieren. Der damalige österreichische Wissenschaftsminister Johannes Hahn glaubt einen besonderen Coup zu landen, als er den tausenden Protestierenden Ende Oktober ein Gespräch anbietet: für Ende November. Offenbar hoffte Hahn darauf, dass sich der Protest bis dahin wieder legt. Selten wurde eine ministerielle Annahme dermaßen widerlegt. Was ging damals in Johannes Hahn vor? Wäre ich nicht während eines Wien-Aufenthalts auf ein gülden Büchlein gestoßen, würden wir allesamt weiterrätseln ... **Doctor's Diary.**

Doctor's Diary

Bei einem meiner jünsten Aufenthalte in der Bundeshauptstadt staunte ich nicht schlecht: Da schlendere ich mit relativ gelangweiltem Schritt in die Bildungsferne vor dem wissenschaftsministeriellen Minoritenplatz – und erblicke in einem Müllkübel ein Büchlein.
Nicht etwa das „Das Buch der Schatten", nein. Es war um Vieles gespenstischer ...

Bei dem Büchlein handelte es sich um ein Tagebuch mit gewisser historischer Bedeutungslosigkeit – es trug den Titel „Die Leiden des jungen Uni-Wärters Johannes Hahn oder: Meine Heldentaten von 25. Oktober 2009 bis zu meiner Abreise nach Brüsseldorf".

25. Oktober: Liebes Tagebuch, hier Gio. Ich wurde soeben vom Verfassungsschutz informiert, dass seit ein paar Tagen linkslinke extremistische Linksextremisten das Audimax besetzt haben. Zuerst glaubte ich, dass es sich bei „Audimax" um eine Firma für Hörgeräte handeln muss, mein Büroleiter klärte mich aber rasch auf, dass das so ein Uni-Raum sei. Wäre ich Verteidigungsminister, würde ich per Erlass das Audimax zum Truppenübungsplatz erklären und aus die Maus.

26. Oktober: Liebes Tagebuch, heute habe ich mir meinen besten Anzug angezogen und bin, wie es sich für den Nationalfeiertag gehört, in der Früh in die Kirche und dann zum Heldenplatz Waffen schauen gegangen. Poah ey, hast du gewusst,

dass wir so Flugzeuge mit ohne Propeller haben? Dass wir forschungstechnisch schon so weit sind, habe ich gar nicht gewusst.

An die Wand mit ihnen

2. November: Stell dir vor, liebes Tagebuch: Seit drei Tagen ist auch in Innsbruck ein Uni-Raum besetzt. Eine sogenannte „Sowi-Aula". Lustig, wie die Tiroler den Uni-eigenen Turnsaal nennen. Vor einer Stunde hat mich die Fekter Mary angerufen und gefragt, ob sie die Sichtbetonwand vor der Innsbrucker Sowi-Fakultät für das Statuieren des einen oder anderen Exempels nutzen dürfte. Ich habe ihr gesagt, dass ich dieses Mittel zwar nicht prinzipiell ablehne, aber ich will mir meine Chancen auf Brüssel nun doch nicht kaputtschießen lassen.

5. November: Undankbares Pack. Da mache ich 34 Millionen Euro für unsere Weltklasseunis locker und was ist der Dank? Jetzt sind auch in Graz, Linz und Salzburg Hörsäle besetzt. Jetzt wird's mir langsam zu bunt, das geht jetzt schon mehr als eine Woche. Wartet nur, ihr Studentengesocks, ich habe Zeit ...

Numerus Clausus-Flüchtlinge illegal in Ö?

12. November: Habe mich heute mit der Fekter Mary auf einen kleinen Braunen getroffen. Sie lässt nun prüfen, ob deutsche Numerus-Clausus-Flüchtlinge unter das Asyl- und Fremdenrecht fallen. An Asylanträge aus Deutschland könne sie sich jedenfalls nicht erinnern – was für sie den Schluss nahelegt, dass tausende Studenten aus Deutschland illegal in Österreich sind. Heureka! Geil! „Abschieben! Abschieben!" habe ich gerufen und die Mary hat dabei so leuchtende Augen bekommen. Was für eine Wahnsinnslösung für die Kapazitätsprobleme an

den Unis! Dass noch niemand an das Naheliegendste gedacht hat . . .

12. November, abends: Als ich der Mama von der Abschiebeidee erzählt habe, hat sie gemeint, dass Deutschland ja in der EU sei und Österreich ja auch und ob das dann überhaupt gehen würde, das mit dem Abschieben. Warum müssen Mütter immer die größten Spielverderber sein . . .?

15. November: Stuhlgang fest. Temperatur: 36,2 Grad. Keine besonderen Nebenwirkungen auf die Schweinegrippe-Impfung erkennbar. Auch wenn die Mama meint, dass ich lethargischer als sonst wirke.

Hahn(e)büchene Mathematik

17. November: Hey, Tagebuch, weißt du wie froh ich bin, dass ich Wissenschaftsminister in Österreich bin? In Deutschland sind mittlerweile mehr als 15 Unis irgendwie besetzt – da stehen wir im Zweiländer-Vergleich eh voll super da: bei uns sind es nur 5 Unis, die besetzt sind. In Interviews mit ausländischen Medien führe ich die geringe Zahl auf das Verhandlungsgeschick von mir zurück. Im Übrigen plane ich die Zusammenlegung der Uni-Standorte Wien, Graz, Linz, Salzburg und Innsbruck in eine gesamtösterreichische Universität. Dann wäre auch nur mehr eine Uni besetzt. Und eine ist bekanntlich keine. Hihi.

20. November: Mein Sohn hat mich gefragt, ob ich meinen in mühsamen 11 Jahren herbeigezitterten Doktortitel jetzt dann in einen Bachelor oder einen Master umwandeln lassen muss. Zuerst habe ich ihn nicht verstanden. Dieses „B“-Wort versteht ja keine Sau. Ich habe ihn aber beruhigen können:

Er kann seinen Papa auch weiterhin mit „Herr Doktor“ anreden, gerne auch als „Herr Doktor Kommissar“, weil das mit den Bachelors und Masters of the universe würde nur für die eine Uni in Bologna gelten. Aber das weiß doch jedes Kind. Und falls er noch keine Weihnachtsgeschenksidee für mich hätte: eine Karaoke-CD von Falcos „Der Kommissar“ wäre voll super. Drah di net um, schau schau, der Gio Hahn geht um . . .

Unter einer rot-grün geführten Innsbrucker Hochschülerschaft habe ich angefangen, für die UNIpress zu schreiben. Ich machte weiter, als die ÖVP-nahe AktionsGemeinschaft bei einer ÖH-Wahl die absolute Mandatsmehrheit errungen hatte. Die Farbe innerhalb der ÖH war mir von Anfang an wurscht. Schließlich fing ich mit dem Schreiben nicht aus etwaiger Sympathie zu Rot-Grün an, sondern aus Freundschaft zu einem der damaligen Chefredakteure. Und nach besagter Wahl machte ich nicht aus etwaiger Sympathie zur AG weiter, sondern weil ich, einen Wechsel in der Blattlinie erwartend, eine Konstante in der UNIpress bleiben wollte.
Stets war ich darum bemüht, mich dem Schwerpunktthema der jeweiligen Ausgabe auf meine eigene Weise anzunähern. In einer Ausgabe, jener im Februar 2010, brach ich damit: die Chefredaktion hatte sich nicht an Beschlüsse der Redaktionssitzung für die Jänner-Ausgabe gehalten und so war diese Ausgabe zu einer Art „Kampfnummer" gegen die BesetzerInnen der SoWi-Aula geworden. Da musste man einfach einiges klarstellen . . . Mal was Anderes.

Mal was Anderes . . .

Eigentlich versuche ich in meinen Texten auf der vorvorletzten Seite der UNIpress immer irgendwie, mich dem „Leitthema“ der aktuellen Ausgabe anzunähern. Auf meine ganz persönliche Weise halt. Diesmal werde ich das Thema verfehlen. Grandios verfehlen.

Ich möchte und muss mich in den kommenden Zeilen zur letzten Ausgabe der UNIpress äußern. Wer Lustiges lesen will, möge sich bitte das aktuelle Buch von Michael Niavarani schnappen – ich muss nun mal eben kurz in medias res gehen (und gehe davon aus, dass eine kritische Stimme zur letzten Ausgabe im Sinne gelebter Meinungsvielfalt auch abgedruckt wird).

Mittelpunkt der Fragwürdigkeit

„Mittelpunkt der Fragwürdigkeit“. So darf ich mich nun also nennen. Höchstwahrscheinlich werde ich mir mit diesen drei Wörtern ein T-Shirt bedrucken lassen. „Mittelpunkt der Fragwürdigkeit“ – so nennt die 1. stellvertretende ÖH-Vorsitzende in ihrem letzten einseitigen Vorsitz-Statement nicht nur die Innsbrucker Unileitung, sondern auch die (ehemaligen) Besetzerinnen und Besetzer der Sowi-Aula. Also neben hunderten anderen auch mich.

Ich bin quasi ein pazifistisch-militanter Verfechter der Zulässigkeit von anderen Meinungen wie der meinen – wie bei allem macht jedoch auch dabei der Ton die Musik, und dabei spielte die UNIpress an sich eine fragwürdige Rolle:

Aus normalerweise einer Seite des dreiköpfigen Vorsitzteams wurden plötzlich vier Seiten. In der Redaktionssitzung Anfang Dezember war davon keine Rede. Was in der Redaktionssitzung besprochen und beschlossen wurde war, die (damals noch andauernde) Besetzung zu thematisieren.

Besprochen ist nicht gleich Besprochen

(Einziger) konkreter Beschlusspunkt zu dieser Idee war, die sowimax-BesetzerInnen über deren „Arbeitsgruppe Presse" zum konkreten Inhalt ihrer Forderungen zu Wort kommen zu lassen. Gegen eine gegenüberstellende kritische Beleuchtung der Forderungen – auch wenn dies in der Redaktionssitzung nicht besprochen wurde – wäre nichts einzuwenden gewesen – ganz im Gegenteil: es wäre journalistisch sogar notwendig und produktiv. Was kam: die – beschlossene – Sichtweise der BesetzerInnen (obwohl ein entsprechender Text an die Chefredaktion geschickt worden war) wurde nicht veröffentlicht, ein Text, der die Forderungen sehr kritisch beleuchtet, aber schon. Wobei ich mir nicht ganz im Klaren darüber bin, um welche journalistische Textsorte es sich bei dem entsprechenden Artikel handelt: ExpertInnen kämen wohl zum Schluss, dass es sich dabei um keine neutrale, kritische Beurteilung der Forderungen handelt, sondern um einen tendenziellen Kommentar. Da ich in Sachen Textsorten kein Experte bin, traue ich mir ein abschließendes Urteil über den entsprechenden Artikel aber nicht zu.

Die Qual der Wortwahl

In meinen Augen um gleich zwei Tonlagen vergriffen hat sich in der letzten Ausgabe der aktuelle ÖH-Vorsitzende Florian Ritter. Im Privaten ein durchaus angenehmer Gesprächspartner, schreibt er von der Besetzung als „wochenlangem Hausfriedensbruch". Ein kurzer Blick in § 123 StGB zeigt sogar mir als absolutem Rechtslaien klar, dass das natürlich Unsinn ist. Unsinn ist auch, in einem Nebenabsatz pauschal von „gerade spondierten und didaktisch vollkommen unterqualifizierten ProseminarleiterInnen ..." zu schreiben. In meinen, durch die aktive Teilnahme an der Besetzung vielleicht getrübten, Augen schauen auch die entstandenen Kosten in der Höhe von 150.000 Euro nicht gar so tragisch aus. Meine Milchmädchenlogik stellt diesen Betrag nämlich den gut drei Millionen Euro gegenüber, die erst durch die österreichweiten Proteste und Besetzungen für die Uni Innsbruck freigegeben wurden. Macht auf der Haben-Seite ein ziemliches Plus, würde ich meinen. Das alles kann man auch anders sehen und ich lasse mich auch gerne vom Gegenteil überzeugen.

back to the roots, bitteschön

Die UNIpress muss wieder zu einem Medium von möglichst vielen MacherInnen für alle Studierende werden. Wo sonst können und müssen unterschiedliche Meinungen aufeinanderprallen, wenn nicht in einer Zeitung, die die Meinungsvielfalt an der Uni widerspiegeln sollte? Die letzte Ausgabe fällt – aus all den zuvor genannten Gründen – in die Kategorie „Parteizeitung". Ein Vorwurf, der sitzt. Ich weiß. Ein Vorwurf, der auch die beiden Chefrredakteure der UNIpress trifft. Auch das ist mir klar. Wer die Jänner-Ausgabe durchblättert, kann aus meiner Sicht aber nur zu diesem Schluss kommen.

In der Hoffnung, dass sich die vorliegende UNIpress auf den Weg zurück zur Normalität gemacht hat (für die Februar-Ausgabe gab es keine Redaktionssitzung, ich bin also leicht unterinformiert) und in der Hoffnung, in der kommenden Ausgabe wieder etwas „Unterhaltsameres" schreiben zu können,
euer Koschuh.

Der Catwalk vor der SoWi-Fakultät und auch der inhäusige Catwalk in der Landes- bzw. Hauptbibliothek sind beliebte Ausflugsziele unzähliger Modebewusster. Manchmal hat man den Eindruck, dass gar nicht wenige täglich nicht nur einmal von- und zur Uni marschieren, sondern nur kurz universitär verweilen, um rasch und oft von- und zur Uni gehen zu können und so möglichst häufig in den neuen UGG-Boots oder dem neuen, viel zu engen Shirt gesehen zu werden. Die pferdegaloppgleich schallenden Stöckelschühchen seien hier nur am Rande erwähnt. Man möchte meinen, dass ich, der ich mich wahrlich zu den stillosesten Anzieher zwischen Nordkette und Patscherkofel zähle, nicht dazu berufen bin, fachlich-sachliche Kritik zu üben. Von fachlich-sachlicher Kritik war aber auch nie die Rede . . . **Mode d'emploi in Sachen Mode.**

Mode d'emploi in Sachen Mode

Nach einer Tupperware-Party, in deren Rahmen ich gelangweilt ein Burda-Magazin las, bin ich inoffiziell befugt Modekritiken zu schreiben. Ich kenne mich jetzt so etwas von aus, aber hallo. Und voilà, hier ist auch schon meine erste Modekritik. Kritisieren ist ja mächtig in Mode. Sie sprengt zwar etwas den Rahmen einer üblichen Kritik in Sachen Mode, es ist mir aber ein derart großes Anliegen, modische Irrtümer und Todsünden der Jetztzeit aufzuzeigen, dass ich gar nicht anders kann.

Gehen wir doch gleich in medias res. Zum „B"-Wort: Bauchfreie Oberteile. Das sind Shirts, die beim Waschen eingegangen sein müssen. Was nicht gerade wenige Frauen nicht daran hindert, diese Shirts trotzdem anzuziehen. Bei trainierten Frauen kann dies mitunter noch toll aussehen. Bei manch anderen – vor allem in Kombination mit einer leicht eng anliegenden Hose – kann dies zum „Rettungsring"-Syndrom führen. Auf hoher See und einer Schiffs-Havarie mag dieses Syndrom das eigene Leben retten können, in Ballungszentren rate ich aber eher davon ab. Bitte. Doppel-Bitte. Mein Urteil in puncto bauchfrei: Ein eingeschränktes „Do" im Liegen an Stränden, ein „Don't" beim Gehen und ein „Double-Don't" im Sitzen. Ein fettes Minus also.

Lieber fettfrei als bauchfrei

Kommen wir zum „B"-Wort Teil zwei: Bierbäuche. Liebe Komasäufer, Spiegeltrinker und andere BWL-Studenten: Ihr habt da offensichtlich etwas missverstanden: Frauen stehen laut Studien auf bärige Typen, nicht auf bierige. Zudem ist ein Bierbauch, auch ein ansatzweiser, neben unansehnlich auch noch unpraktisch: Ich weiß ja nicht, wie ihr das seht, aber ich hasse es, beim Im-Stehen-Pinkeln mit der einen Hand einen Rückspiegel in Hüfthöhe halten zu müssen, um mich mit der anderen Hand zurechtzufinden und das Bierablassventil in die richtige Position zu bringen. Mein Urteil in puncto Bierbauch: absolut entbehrlich. Bierbauchbesitzer sollten eigentlich zwangsweise an Schwangerschaftsgymnastikkursen teilnehmen.

Modischer Muskelkater Muskelshirt

M wie Muskelshirts: Tja, liebe Geschlechtsgenossen: entweder Mann hat sie oder Mann hat sie nicht. Muskeln nämlich. Darum habe zum Beispiel ich selbst kein Muskelshirt. Wenn sogar ich dazu stehe, ein verletzlicher, sensibler, zuhören könnender Waschlappen zu sein, könnt ihr das schon längst. Nichts ist schlimmer als ein Muskelshirt, das im Innsbrucker Föhn weht wie eine dieser „Innsbruck-ist-EM-Stadt"- und „Wehe-wenn-ihr-was-gegen-die-EM-habt-weil-dann-seid-ihr-alles-VaterlandsverräterInnen"-Fahnen. Ein Shirt macht noch keine Muskeln. Und überhaupt ist der Schließmuskel physiologisch viel wichtiger als ein Bi- oder Trizeps.

Achselhaarige Angelegenheit

Was mich auch schon zum „A"-Wort bringt. Nämlich A wie „Achselhaare". Liebe hormonüberbeschusselten Bodybuilder: Von mir aus pumpt ihr euch auf, von mir aus macht ihr euch täglich drei Proteinshakes, von mir aus macht ihr aus euch den klassischen „Oben viel, unten Nichts"-Typen (wobei ich mit „oben" nicht eure kognitiven Fähigkeiten meine – dafür mit

„unten“ sehr wohl das Zeug unter der Gürtellinie), von mir aus tragt ruhig auch ein Muskelshirt, aber: erspart uns bitte den Anblick eurer Achselhaare. Hiermit enttabuisiere ich das Thema Achselhaarrasur bei Männern. Was hindert euch denn daran, nach erfolgter Gesichtsrasur ein halbes Stockwerk tiefer auch nach dem Rechten zu sehen? Mein Urteil in Sachen Achselhaare: Schuldig. Todesstrafe. Weg mit dem Gestrüpp.

Eintrittsbarriere Turnschuh?

Übrigens habe ich mir letzten Dienstag einen Jux gemacht und bin normal bekleidet, mit einem Lackschuh links und einem Turnschuh rechts ins Hofgartencafé gegangen. Das hat die Türsteher intellektuell total überfordert – tja, so leicht geht das bei denen. Während die sich uneins waren, ob ich, der ich ja einen Hofgartencafé-pfui-gaga-Turnschuh an hatte (aber eben nur einen), überhaupt eingelassen werden dürfe, hüpfte ich auf einem Bein – nämlich dem belackschuhten – an der Eiweißshake-oberkörpermuskelschwangeren Türstehermeute vorbei, zog mir rasch sechs Bier rein und hüpfte wieder davon. In Schlangenlinien. Und auch übrigens gibts in Hopfgarten im Tiroler Unterland ein Café, in dem es völlig egal ist, welche Schuhe man anhat. So Weltstadt kann ein vermeintlicher Provinzort sein – ein Schelm, wer nun einen Umkehrschluss zieht.

Jössas: bekomme ich nun Hofgartencafé-Hausverbot? Auch egal. Ich kann auf die Sex-Garantie durch 6er-Garantie gerne verzichten. Das ist meine ganz persönliche Mode d’emploi für mehr Wohlfühlfaktor und gegen Oberflächlichkeit.

Nicht immer waren die „Kugelschreiber“ direkt politisch angehaucht. Wäre ich nach dem Verfassen dieser Kolumne von jemandem aufgefordert worden, ich hätte eine ordentliche Fahne vor meinen Lippen hin- und hergeschwenkt. Nein, hätte ich wohl doch nicht: Wodka kann man ja nicht wirklich riechen. Und doch ist der folgende Text nicht einfach nur skurril, sondern birgt eine unter Prüflingen gefürchtete bis erhoffte Wahrheit: Ein multiple-choice-Test kann dein schlimmster Feind sein – oder dein bester Freund . . . **Prüfungsangst? Ich? Ha!**

Prüfungsangst? Ich? Ha!

Alkohol ist der Sanitäter in der Prüfungsnot – Lernen war gestern, Wodka ist heute.

Wie andere Studierende auch blättert Koschuh nach dem Dreikönigs-Tag in seinem ÖH-Taschenkalender, um zu zählen, wie lange er schon seinen Neujahrsvorsatz nicht mehr einhält (Prüfungshorror mit laufendem Mitlernen vermeiden): „9, 10, 11 Tage, hm das hol' ich locker wieder auf, 12 Tage, 13, 14 Tage . . . Moment, was steht'n da bei 14. Jänner? "Achtung, morgen Prügeln"? Nö, kann nicht sein, „Achtung, morgen Pr..ü..f..u" himmelhilf! (aus den Latschen kipp). Wuaaaahhh!!! 15. Jänner, mein Gott, dein Gott, ihr Gott, sein Gott, shit: Meeegaprüfung! So, Koschuh, beruhige dich, gaanz ruhig, ok? Jetzt gaanz rational analysieren . . . wuuuaaahh . . . he, Puls, beruhig dich, du machst mich ganz nervös mit deinem Gehämmere, wo ist der Notfallhammer!!? (Ich hole den Schnitzelklopfer aus der Küchenschublade und ziehe mir selbst eins über. Vor Schmerz krümmend): „Woaah, autschiautsch, aber jetzt kann ich wieder klar denken. Also, wo sind die Unterlagen? Koschuh an Hinterhirnrinde: WO SIND DIE VERDAMMTEN UNTERLAGEN??!!!" Hinterhirnrinde an Koschuh: Wo hast sie denn zuletzt gesehen? Ich wundere mich kurz, dass Hinterhirnrinden beim Suchen von Verlegtem genauso hilfreich sind wie (Ex-)freundinnen beim Suchen nach den Fotos von (Exex-)freundinnen und wählte die Nummer der Telefonseelsorge:

„Du Mamaaaa, du Dreckwäsche geholt – gebügelte Wäsche gebracht – Mappe – Zettel?"

Mama: „Hä?"
Ich: „Mappeee! Morgen! 15. Jänner!! Zettel!!"
Mama: „Essigpatschen um die Waden und morgen ab zum Arzt!"
Ich lege entnervt den Hörer auf. Rase durch die Wohnung. Suche die Mappe im Kühlschrank und in der Waschmaschine. „Put put put, wo is Mappe? Ja, wo is die Mappe? Mappe komm, sei Braves, komm zu Papa, put put!" Ich streue Polentakörner, um die Mappe zu mir zu locken, erste Überlegungen, welche Oma morgen gestorben sein könnte. „Shit, mehr als zwei Omas hat niemand. Notiz: Inserat schalten :„Suche Adoptivoma zwecks Ablebens und ebensolcher Prüfungsentschuldigung". Zeit für Beruhigungswodka. Dreifachen. Mappe taucht wie durch ein Wunder zwischen den Holzpellets neben dem Kachelofen auf. „Jippiie!!" Ich stimme ein Ave Maria an. „Aaaaa . . . a . . . aber das ist ja die FALSCHE Mappe! Neieiein!" Fünffacher Wodka logische Konsequenz. In der Früh wache ich, meine Topfpflanze umarmend, auf. Noch 15 Minuten bis zur Prüfung. Ich stürme aus der Wohnung. Ich stürme zurück in die Wohnung. Ich war nackt. Kopf: Aua. Lichtempfindlichkeit: erhöht. Ich ziehe mich an, stürme zur Uni. 7-seitiger Multiple-choice-Fragebogen. Ich sehe alles doppelt. Mache die Kreuzchen immer eins links oder rechts von dort, wo ich sie eigentlich hin haben will. Ich geben den Fragebogen torkelnd ab, übergebe mich im Anschluss vor der Uni. Prüfungsergebnis: ein Zweier. Ich verbrenne alle meine Unterlagen, kaufe mir zwölf Flaschen Wodka. „Prüfungsangst? Ich? Nö."

Im April 2010 stehen sich der Mann mit dem dichtesten Haarwuchs zwischen Stirn und Augen, Heinz Fischer, und die Frau, die die rot-weiß-rote Gesamtfertilitätsrate um 700 Prozent übertrifft, Barbara Rosenkranz, gegenüber: Bundespräsidentschaftswahl. Man muss der FPÖ zugutehalten, dass sie bereit war, überhaupt irgendwen in eine aussichtslose Schlacht zu schicken. Aber damit haben die ja so ihre Erfahrung. ÖVP-Pröll der Ältere überlegte kurz, ob er sich mit Fischer matchen soll – nach einem Blick auf die Umfragewerte entdeckte er jedoch seine unverbrüchliche Liebe zu seinem Großherzogtum Niederösterreich. Die Grünen sparten sich das Geld für den Wahlkampf mit einer Liebes- und halbherzigen Unterstützungserkärung für Heinz Fischer. Also lud ich nur den amtierenden Bundespräsidenten (der mich, nachdem ich ihm meinen feuchten Regenschirm um 50 Euro angedreht hatte, einen „tüchtigen Burschen" nannte – Näheres zu dieser wahren Begebenheit erfahren Sie beim Verfasser dieses Buches) und seine Herausforderin zum Gespräch ... **Bundespräsidentschaftsqual.**

Bundespräsidentschaftsqual

Die heiße Phase des Bundespräsidentschaftswahlkampfs lässt auch mich kalt: Es stehen sich ein aussichstreicher, rechtschaffener Kandidat und eine aussichslose, weil rechtsschaffende Kandidatin gegenüber. Der eine hat mit angeln gehen genauso wenig am Hut wie die andere mit der Kirche. Fischer gegen Rosenkranz. In der Boxersprache ausgedrückt: Vitali Klitschko gegen meine Kindergartentante Gisela. Der eine ein beinharter Linksausleger, die andere mit einer geraden Rechten, die nur politisch, aber nicht in puncto Schlagkraft zum Gruseln ist. K.O. in der ersten Runde vorprogrammiert. Doch Wahl ist Wahl und so bat ich, der ich mich dem aufrechten Journalismus verpflichtet fühle, die beiden KontrahentInnen zum Gespräch.

Koschuh: Frau Fischer, Herr Rosenkranz, vielen Dank, dass Sie ihren Mann und ihre Frau zu mir in die Wohnung begleitet haben. Sie dürfen nun gehen. Baba!
Gut, also dann. Frau Rosenkranz, Herr Fischer, ich danke Ihnen, dass Sie sich die Zeit genommen haben, die Sie mir nun stehlen. Sie beide bewerben sich für ein Amt, das so überflüssig ist, dass es schon fast wieder unverzichtbar scheint – allerdings ist das höchste Amt im Staat neben dem Posten des Klassensprechers eines der wenigen Ämter, die direkt vom Volk vergeben werden.
Frau Rosenkranz, die erste Frage gleich an Sie: Welche Chancen rechnen Sie sich aus?
Rosenkranz: Ich rechne fix damit, dass ich 35 Prozent mache

und Herr Fischer lediglich 80 Prozent. In der Stichwahl werde ich dann Bundespräsidentin.

Koschuh: Sie müssen entschuldigen, aber gestatten Sie mir ein Rechenbeispiel: Sie geben acht ihrer zehn Kinder je ein Stück Kuchen von einem Kuchen, den Sie zuvor in zehn Teile geteilt haben. Den anderen beiden geben sie die restlichen 3,5 Stück Kuchen ...

Rosenkranz: Ja, aber Herr Journalist, das geht doch nicht.

Koschuh: Bingo.

Rosenkranz: Weil dann bekomme ich ja keines.

Koschuh: Auweia. Gut, wurscht. War eh nur so hypothetisch gefragt ...

Rosenkranz: Hypowas?

Koschuh: ... thetisch.

Fischer: Er meint fiktiv.

Rosenkranz: Ferkel!

Fischer: Selber Ferkel.

Koschuh: Meine Dame, mein Herr, ich bitte Sie.

Fischer: Die Barbara hat angefangen!

Koschuh: Schauen's, da haben Sie beide je eine Schwedenbombe und jetzt ist Ruhe.

Rosenkranz: Wuiii, ein Negerkuss! Danke!

Fischer: Das sagt man doch nimmer ...

Rosenkranz: Wenn ich etwas bekomme, dann sage ich eben „Danke". Das gehört sich so. Dass ein Sozialist keine Manieren hat, wundert mich nicht. Ihr Sozialisten wart schon immer ein undankbares Gesin ...

Koschuh: Ge, singen wir doch gemeinsam die Europahymne!

Rosenkranz: Deutschland, Deutschland, über a-a-lles ...!

Fischer: Ich darf aber schon anmerken, dass Europa eine Hymnenmelodie, die zu spielen es sehr schön ist, hat. Hymnentext gibt es für Europa aber keinen.

Koschuh: Sie reden beinahe wie der eine Zwerg aus Star Wars. Der würde wohl sagen: „Bundespräsident ein gut bezahltes Amt es ist." Kennen Sie den Zwerg? Nicht? Kulturbanause. Doch kommen wir zu einem anderen Thema: Verbotsgesetz.

Rosenkranz: Danke. Es war schon immer eines meiner größten Anliegen, auch während meiner Tätigkeit als Landesrätin in Niederösterreich, dass wir für die Donau endlich ein Fähr-Boots-Gesetz machen. Dass dort nicht mehr passiert, gleicht einem Wunder.

Fischer: Nein, nein, werte Mitbewerberin. NS.

Rosenkranz: Sie leiden an Multipler Sklerose? Tut mir leid, das wusste ich nicht.

Koschuh: Nein, N. Nicht M.

Rosenkranz: Brauche ich eine Enigma, um das zu verstehen?

Fischer: Der Herr Journalist meint NS. Nicht MS. Nicht N wie „Mama", sondern N wie „Normandie" oder „Nürnberg" oder „Nazi".

Rosenkranz: Ich lasse mich von Ihnen beiden nicht ins rechte Eck stellen. Dort war ich schon, bevor ich zu diesem Interview gekommen bin.

Koschuh: Darf ich Sie zitieren?

Fischer: Jööö, darf er? Darf er?

Rosenkranz: Mir doch egal. Ich dementiere sowieso alles. Ich habe sogar schon mal ein Dementi dementiert!

Koschuh: Sie haben das mit dem rechten Eck aber gerade gesagt. Ich hab's sogar auf Tonband. Und das wollen sie dementieren?

Fischer: Na, da schaust, Bärbel, hm? Der Herr Journalist hat es aufgezeichnet!

Rosenkranz: Ich kenne aber Gott und der macht alles wieder gut.

Koschuh: Aha. Wie schaut Ihr Gott denn aus?

Rosenkranz: Weißes Haar, allwissend, mindestens 89 Jahre alt, mit einer Krone auf dem Kopf.

Fischer: (schockiert, zu Koschuh gewandt, flüsternd): Die meint den Dichand von der Kronen Zeitung!

Koschuh (konsterniert, zu Fischer gewandt, flüsternd): Yep. Werten Sie es als Erfolg, wenn Sie trotz 80 Prozent im ersten Wahlgang überhaupt in die Stichwahl kommen. Gegen Hans „Cato" Dichand UND Wolf Martin sind selbst Sie chancenlos ...

Markante politische Geschehnisse flossen immer wieder wie von selbst in „Koschuhs Kugelschreiber" ein. Aufregend war der Frühling 2011: ÖVP-Obmann und Vizekanzler Josef Pröll legt sich in einem Zwei-Bett-Zimmer an der Innsbrucker Uni-Klinik neben seine ebenso kränkelnde Partei. Wenig später verkündet er aus gesundheitlichen Gründen seinen Rücktritt von allen politischen Ämtern und verabschiedet sich mit einer durchaus beachtenswerten Rede. Sein Nachfolger sucht in aller ungelebter Basisdemokratie sein Regierungsteam neu zusammen und sorgt für Schrecksekunden und Aha-Erlebnisse: Binnenministerin Fekter wird Schatzmeisterin, Innsbrucks Uni-Rektor Töchterle im zweiten Anlauf Wissenschaftsminister. Ereignisse, die in der Kolumne im Mai 2011 nicht unbehandelt bleiben konnten ... Fast alles neu machte der April.

Fast alles neu machte der April

Als Kabarettist, der sich auch politisch gibt, war der April für mich Freudenfest und Desaster zugleich: Es war nicht damit getan, dass ÖVP-Obmann Josef Pröll abtrat, nein: Sein Nachfolger Michael Spindelegger erkannte, dass seine ParteikollegInnen sich nicht gerade darum reißen, KapitänIn eines Schiffes in Seenot zu werden. Das Pouvoir, seine Regierungsmannschaft im Alleingang zu erstellen, wurde ihm deshalb dankbar gewährt. Wegen der vielen neuen AkteurInnen darf ich nun ein halbes Kabarettprogramm neu schreiben. Bevor ich mit dem Schreiben ins Schwarze treffe, muss aber erst mal eine Bestandsaufnahme der wichtigsten neuen und neuen alten MinisterInnen und StaatssekretärInnen her.

Wolfgang Waldner: Das vor mir liegende Blatt zu dem innenpolitisch recht unbeschriebenen Blatt ist auch nach drei Minuten Nachdenken noch immer unbeschrieben. Was macht ein Staatssekretär im Außenministerium eigentlich? Ist der ehemalige MuseumsQuartier-Leiter Spindeleggers privater Rhetorik- und Sprechtrainer und bringt ihm bei, wie man „Libyen" richtig ausspricht? Spricht er spontane Reisewarnungen für den bayerischen Teil des Karwendel aus, weil sein Chef in Ruhe wandern will? Checkt er, ob Spindelegger vor einer Auslandsreise alle nötigen Impfungen bekommen hat?

Sebastian Kurz: Was sich der Neo-ÖVP-Chef dabei gedacht hat, ausgerechnet den Obmann der Jungen VP zum Staatssekretär zu machen, ist wohl nicht nur mir höchst schleierhaft.

Wahrscheinlich musste Kurz nur die Wörter „Dürüm“ und „Cevapcici“ fehlerfrei aussprechen, um sich zu qualifizieren. Dem JVP-Obmann den begrüßenswerten Posten eines Integrationsstaatssekretärs zu geben ist gleich hanebüchen, wie Ex-Rektor Töchterle zum Außenminister zu ernennen, weil er Gerüchten zufolge schon einmal mit einem Erasmus-Studenten aus Finnland gesprochen haben soll.

Karl-Heinz Töchterle: Schon vor eineinhalb Jahren galt der ehemalige Rektor als Kandidat für die Leitung des Wissenschaftsministeriums. In einem Alter, in dem der durchschnittliche Beamte seit 10 Jahren im Ruhestand ist, ist er es wirklich geworden. Leute, jetzt müssen wir uns warm anziehen: noch nie hatte ein Wissenschaftsminister so viel Insiderwissen! Töchterle weiß um die Goldreserven des ÖH-Streikfonds unterhalb der alten Chemie. Töchterle weiß, dass nur deshalb so viele Psychologie studieren, weil es mit der Inskription Marihuana auf Krankenschein gibt. Töchterle weiß, was wir letzten Sommer getan haben. Und er weiß, dass wir wissen, dass er es weiß. Es ist vorbei. Alles ist vorbei.

Maria Fekter: Adler- und Rehauge sei wachsam. Frau Gnadenlos ist jetzt Finanzministerin. Die Inskriptionsnachfrist wird ersatzlos gestrichen. Und die Hauptfrist gleich dazu. Wenn die Eltern nicht schon bis zum fünften Schwangerschaftsmonat festlegen, ob und was studiert werden soll, wird man an der Uni in Zukunft nichts mehr verloren haben. Stipendien und Beihilfen? Gestrichen. Hilf dir selbst bei, dann hilft dir Gott. Studiengebühren? Sorry: Studiengebühren! Kommen werden auch eine Ausatemluft-CO2-Abgabe mit Zuschlägen für Biologie- und Geologie-Studierende, weil die öfter im Freien sind, eine Einatemluft-Sauerstoffverbrauchsabgabe (aber nur für alle Studierenden, die öfter als 5 Mal pro Stunde einatmen) und eine Multiple-Choice-Steuer pro angekreuzter Antwort. Weiters: Drehkreuze mit Münzschlitz am Eingang zu allen Hörsälen, Audio-Kabinen mit Münzschlitz im Hörsaal (50 Cent pro 10 Minuten Vorlesung), Skriptomat mit Münzschlitz am Ausgang aus dem Hörsaal (wahlweise 10 Cent pro Skriptenseite oder gleich 200 Euro für die LV-Bestätigung) sowie Pflicht-Wahlfach „Schein oder nicht Schein, das ist hier die Frage" von und mit Gast-Dozent Ernst Strasser.

Johanna Mikl-Leitner: Innenministerin von Pröll sen. Gnaden. In der niederösterreichischen Landesregierung zuletzt unter anderem für Kindergartenangelegenheiten zuständig. Wahrscheinlich hat sie bei einem Kindergartenbesuch schon öfters ein Räuber-und-Gendarm-Spiel beobachtet und sich so für das Amt der Innenministerin qualifiziert. Ihre fehlende Erfahrung im exekutiven Bereich wird sie wohl durch übertriebene Härte wettzumachen versuchen. Glaubt mir: man wird einer Innenministerin Fekter noch nachtrauern.

Beatrix Karl: Die Kurzzeit-Wissenschaftsministerin hatte offenbar dermaßen die Nase von aufmüpfigen Studierenden à la „Uni brennt" voll, dass sie ihrem Parteichef sogar angeboten haben soll, Ortstafel-Sonderbeauftragte in Kärnten zu werden. Im Herbst muss Karl erst mal ins Gefängnis. In ihrer Funktion als Justizministerin. Sie will dort die Haftbedingungen eines Karl-Heinz Grasser überprüfen. Das ist mal ein guter Ansatz.

Bleibt zu hoffen, dass die SPÖ nun ihrerseits mit einer Umbildung ihrer Regierungsriege nachzieht. Findet die SPÖ nicht bald Ersatz für einen Werner Faymann, kann sich die FPÖ ihr

Wahlkampfbudget für die nächste Nationalratswahl sparen und wird kampflos zur Nummer 1.

Wohl unter dem Einfluss einer Tour de France-Liveübertragung ist der folgende Text entstanden. Moralisch und ethisch völlig untragbar geht es um ein Thema, für das der Name „Bernhard Kohl" ein Synonym darstellt: Drogenmissbrauch zur Leistungssteigerung. Während jedoch ein Kohl eine einzelne Droge im Übermaß konsumierte, versuchte sich der Mann hinter dem Kugelschreiber an geringen Dosen von Drogen – nur leider gleich alle gängigen Substanzen im Akkord. Ziel war herauszufinden, welcher Drogenmix der beste ist. Nicht einmal eine Testreihe über mehrere Monate und unter Aufsicht einer ganzen Heerschar an Doktoren wäre ohne bleibende Schäden geblieben. Koschuh wollte keine Zeit verlieren und warf in nur einer Nacht alles ein, was man so kennt. Einziger Arzt in der näheren Umgebung war Dr. Oetker in der Pizzalade des Tiefkühlschranks ... **Eine Nacht den Drogen.**

Eine Nacht den Drogen

Die UNIpress trägt Trauer: In Erfüllung seiner Recherche-Pflicht hat sich Der Koschuh mit vollem Einsatz eingesetzt. Als quasi Genussspecht-Drogentester. Nun ist er gleich wie seine Oma im Koma – ob er je wieder erwachen wird? Wir wissen es nicht und wir wissen nicht, ob wir es hoffen sollen.

Liebe Leserinnen und Leser von Koschuhs Kugelschreiber. Koschuhs behandelnder Arzt hat uns gebeten, den folgenden transkribierten Text abzudrucken. Laut dem Arzt geht es unserem Kolumnisten den Umständen entsprechend schlecht. Der Körper wird noch einige Zeit brauchen, um sich von den diversen synthetischen und natürlichen Drogen, die Koschuh im Zuge einer Recherche eingenommen hat, vollständig zu erholen. Die Verabreichung eines Gegenmittels erscheint unmöglich, die Ärzte wissen schlicht nicht, wogegen sie was verabreichen könnten. Auf Koschuhs Schreibtisch wurden immerhin mehr als zwei Dutzend Arten von Drogen gefunden. Das EEG gibt Rätsel auf, das EKG dient der Wallstreet mittlerweile als Chart-Ersatz für den DowJones-Index. Wir bereiten uns auf das Schlimmste vor. Hier quasi als Vorab-Nachruf jene Ansammlung von Buchstaben und Lauten, die Koschuh zuletzt von sich gegeben hat. Gott sei Dank lief sein Diktafon. Liebe Grüße, eure UNIpress-Redaktion.

Wenn Bleistifte gute Mine machen

„Vieri, fünfi, sechsi, ich ess' jetzt Haschisch-Keksi. Und grad weil ich's seh, auch ein LSD. Olé. Noch schnell in die Liste ein-

tragen: Kekselen und so Pillelen. Geschmack: butterkeksig. Wirkung: kaine auv Anhiep. Oi, muss mich besser konzentrieren beim Schreiben. Ist aber auch nicht so leicht, wenn der Bleistift ständig mit mir spricht. Wirkung LSD: Bleistift macht gute Mine zum bösen Spiel und lacht mich grad eiskalt aus. Trottel. Was? Selber Idiot.
Gut, weiter. Heroin. Hm . . . klingt ja lustig. Das erinnert mich an eine Heldin . . . ich glaube die hieß Ronja Räubertochter oder Bibi Blocksberg. Wie muss man denn das Zeug einnehmen? Banal oral? Oiweh . . . Intravenös . . . das macht mich jetzt extranervös. Wie eine Tetanus-Spritze in den Hintern werde ich das machen. Zack! Wow, das geht aber schnell mit der Wirkung. Gleich aufschreiben. Wirkung Heroin: Rötung an Einstichstelle, rechte Pobacke schläft ein und schnarcht. Nein, Berichtigung: schnarcht nicht. He, Bleistift, hör mit dem Schnarchen auf, verarschen kann ich mich selbst.

Rauchen im Zusammenspiel mit LSD und Heroin führt zur Erblindung

So, was haben wir denn noch im Angebot an Drogen, die ich für die UNIpress testen soll . . . Kokain, Cola, Snus, Amphetamin, Speed, magic mushrooms, Ecstasy, Stechapfel, Uhu, Feuerzeuggas, Kaffee, Zigaretten, Alkohol. So ein Blödsinn. Kaffee, Zigaretten und Alkohol sind doch keine Drogen, gibt's doch überall zu kaufen. Und Cola? Jetzt gehen mit der UNIpress wohl die Ferde durch. Ich meine: F-f-f-erde. Moah, ich kann nicht mehr „Ferde" sagen. Vielleicht geht's ja bei „Flaume" . . . nein, auch nicht. Ist das jetzt die Wirkung von Haschisch, von Heroin oder LSD? Jetzt brauch ich erst mal eine Tschik und ein Schnapserl. Ja, das tut gut. Gleich noch ein Schnapserl. He, Licht ein! Ach so, ich hab die Augen zu gemacht. He, Licht ein! Ach so, ich hab die Augen zu gemacht. Gleich wieder aufschreiben. Wirkung Zigaretten: Man neigt zu Wiederholung . . . He, Licht ein! Oiweh . . . also, Wirkung Zigaretten: vorübergehende Erblindung.

A Stechapfel a day keeps the doctor away

Da helfen wohl nur Ampheta- und sonstige Vitamine. Trallala . . . an apple a day keeps the doctor away . . . so, wo ist jetzt der Stechafel? Bis ich den ertaste, schlafe ich wahrscheinlich ein. Da lob' ich mir die Amphetamine! He, Bleistift, hör mal kurz mit dem Tanzen auf, bist du auf Ecstasy oder was? Wieviele Amphetadinger würdest du . . .? Siebzehn? Jedenfalls eine Primzahl? Gut, sagen wir 37 Stück Amphetadinger. Man soll dazu was essen? Warum eigentlich nicht? Diese Eierschwammerln vielleicht – magic mushrooms! Hab eh grad einen Mörderhunger . . . mjammiiee . . . dazu noch ein bisschen Dijon-Uhu-Senf und zwei, drei Lorbeer-oder Kokablätter. Hihi. Ui . . . Das ist jetzt aber blöd . . . was stell ich auch die Wasserpfeife so knapp da her . . . jetzt ist der Parkett ganz nass . . . so, noch a bissi Snus und Erde drauf, dann wächst aus dem Parkett vielleicht wieder ein Baum. Du, Bleistift, bist du eigentlich genauso spitz wie ich . . .?"

Tja, liebe Leserinnen und Leser, das ist das Vermächtnis des UNIpress-Kolumnisten Koschuh. Jener Teil jedenfalls, den wir nicht zensieren mussten und bevor Koschuh ins Koma fiel. Nur so viel: Koschuh macht seinem Bleistift einen Heiratsantrag, dieser lehnt aber dankend ab, woraufhin sich unser Kolumnist samt Diktafon im Bergisel-Stadion verschanzt, bevor er speed-bedingt einen Lach- und Schlaganfall erleidet. Der Rest ist traurige Geschichte.